Presente no morrer

JOAN HALIFAX

Presente no morrer

Cultivando compaixão e destemor
na presença da morte

Tradução: Valeria Sattamini

GRYPHUS

Rio de Janeiro

© Joan Halifax

Título original
Being with dying: cultivating compassion and fearlessnes in the presence of death

Revisão
Lara Alves
Vera Villar

Editoração Eletrônica
Rejane Megale

Capa
Gabinete de Artes – www.gabinetedeartes.com.br

Adequado ao novo acordo ortográfico da língua portuguesa

CIP-BRASIL. CATALOGAÇÃO-NA-FONTE
SINDICATO NACIONAL DOS EDITORES DE LIVROS, RJ
....
H183p

Halifax, Joan
    Presente no morrer : cultivando compaixão e destemor na presença da morte / Joan Halifax ; tradução Valeria Sattamini. - 1. ed. - Rio de Janeiro : Gryphus, 2018.
    270 p. : il. ; 21 cm.

    Tradução de: Being with dying
    Inclui bibliografia
    ISBN 978-85-8311-107-8

    1. Morte - Aspectos religiosos. 2. Budismo. 3. Meditações. I. Sattamini, Valeria. II. Título.

18-47674   CDD: 294.3444
                                                                                                                     CDU: 294.3
....

GRYPHUS EDITORA
Rua Major Rubens Vaz 456 — Gávea — 22470-070
Rio de Janeiro — RJ — Tel.: (0XX21) 2533-2508 / 2533-0952
www.gryphus.com.br — e-mail: gryphus@gryphus.com.br

SUMÁRIO

Apresentação – Valeria Sattamini 7
Prefácio à edição brasileira – Dr. Alcio Braz (Eido Soho) 9
Prefácio – Ira Byock, MD 11
Introdução: Curando a divisão.............................. 15

Parte Um: Território inexplorado 21
  1. Um caminho de descoberta: a escuridão afortunada 23
     Meditação: Como você quer morrer?.................. 27
  2. O coração da meditação: linguagem e silêncio 31
     Meditação: Costas fortes, frente suave 37
  3. Superando o efeito porco-espinho: passando do medo para a ternura 41
     Meditação: Misericórdia – colocando-se no lugar do outro .. 48
  4. A marionete de madeira e o homem de ferro: compaixão altruísta, otimismo radical 51
     Meditação: Contemplando nossas prioridades 61
  5. Em casa no infinito: habitando nas Moradas Ilimitadas ... 65
     Meditação: Moradas ilimitadas para o viver e o morrer.... 75
  6. Você já está morrendo: percebendo a impermanência, a abnegação e a liberdade............................... 77
     Meditação: As nove contemplações.................... 85

Parte Dois: Oferecendo o destemor........................... 95
  7. Ficções que bloqueiam e curam: encarando a verdade e encontrando significado 99
     Meditação: Testemunhando duas verdades 104
  8. As duas flechas: estou sentindo dor e não estou sofrendo .. 109
     Meditação: Encontrando a dor 117
  9. Oferecendo o destemor: transformando veneno em remédio 121
     Meditação: Dando e recebendo através de *tonglen* 130

10. Cuide da sua vida, cuide do mundo: vendo meus próprios
    limites com compaixão 135
    Meditação: Cuidado ilimitado 143
11. A rede de joias: comunidades de cuidado 145
    Meditação: O círculo da verdade 153
12. Curadores feridos: o lado sombrio do cuidado 159
    Meditação: As quatro profundas lembranças 170

Parte Três: Fazendo um tecido completo 173
13. Portas para a verdade: do medo à liberação 175
    Meditação: Meditação andando 183
14. Abraçando a estrada: como nos lembramos, avaliamos,
    expressamos e encontramos significado 187
    Meditação: Deixando ir através da respiração 193
15. No meio da vida, no meio das pessoas: como perdoamos,
    reconciliamos, expressamos gratidão e amamos 195
    Meditação: Moradas ilimitadas para transformar
    relacionamentos 199
16. A grande questão: não há um jeito certo 201
    Meditação: Encontrando a morte 211
17. O galho de pinheiro quebrado: mortes de aceitação e
    liberação 217
    Meditação: Dissolução dos elementos após a morte 228
18. Gratidão pelo receptáculo: cuidado com o corpo após a
    morte 237
    Meditação: A meditação do cemitério a céu aberto 245
19. Rio de perdas: o mergulho da tristeza 249
    Meditação: Encontrando o luto 255

Epílogo: Sendo presente no morrer: apresentando-se para a grande
questão 259

Agradecimentos 267

APRESENTAÇÃO

Comecei a praticar zazen, meditação sentada, há cerca de 11 anos, sob a orientação do Monge Alcio Braz, aluno de Mestre Tokuda, que generosamente me aceitou como aluna também. Inicialmente procurei Alcio como médico psiquiatra, mas logo ele acabou virando meu professor, amigo querido e irmão mais velho no Darma, a quem observo muito atentamente.

Meu irmão Alcio me apresentou um lindo caminho sem volta, o Caminho do Bodhisattva, e a partir dessa estrada principal me guiou pela trilha do cuidado amoroso e compassivo dos que estão partindo desta vida. Pratiquei sob sua orientação e da também querida amiga, madrinha no Dharma e professora Telma França, como aprendiz de voluntária no Hospital da Lagoa.

Em 2010, descobri por acaso o livro *Being With Dying*, da mestra zen americana Joan Halifax Roshi. Eu queria fazer um retiro nos EUA e acabei encontrando o treinamento Being With Dying no *site* do Upaya Zen Center. Falei com Alcio e ele me disse que tinha o livro e me presenteou com um exemplar. Fiquei encantada com a existência de um treinamento com base na prática budista para cuidar dos que estão morrendo. Eu estava justamente começando a me informar sobre como me candidatar para fazer o curso quando tivemos a notícia de que Marcia, sua esposa, praticante dedicada e amiga querida de todos na sangha, havia sido diagnosticada com câncer no pâncreas...

Acompanhar de perto meu irmão e sua esposa se prepararem para a partida dela, cuidando amorosamente um do outro e de todos em volta, foi o maior ensinamento que já recebi. Sinceramente, nunca vi tamanha generosidade e abertura de coração. Eles usaram o livro como guia nesse processo e eu vi de perto como esse momento pode ser precioso quando se consegue estar presente em tudo que acontece, sem julgar ser bom ou ruim. Vi meus amigos darem um salto quântico em direção à luz bem diante dos meus olhos e aprendi que o sofrimento pode ser um portal para a libertação, especialmente no momento da morte, quando o conjunto que sustenta nossa noção de eu começa a se desagregar.

No ano seguinte ao do falecimento da Marcia, acompanhei Alcio no treinamento com Joan Halifax Roshi e, assim que voltei ao Brasil, fiz o voto de traduzir o livro para que mais seres pudessem se beneficiar de seus ensinamentos. Foi um grande desafio, mas encarei como uma prática, sem pressa, num processo que levou cerca de um ano. De cara me deparei com a dificuldade em traduzir o termo que dá nome ao livro, uma expressão de duplo sentido, quase um trocadilho; então decidi manter o termo em inglês e deixá-lo "e-koan-do", enquanto traduzia o livro.

Me emocionei muito durante a tradução. E o sentimento básico era gratidão. Eu estava recebendo um presente do universo. Traduzir o livro foi a forma que encontrei de agradecer. *Presente no morrer*, outra expressão de duplo sentido, é um guia de como estar presente durante o processo ativo de morrer, seja o nosso próprio ou daqueles de quem cuidamos.

Que todos os seres possam experimentar a morte e o morrer como um presente, uma rara oportunidade de prática profunda e libertação.

Gratidão,
Valeria Sattamini
Rio de Janeiro, janeiro de 2018

PREFÁCIO À EDIÇÃO BRASILEIRA

Ganhei o livro que vem à luz agora nesta edição brasileira, em 2009, presente do meu amigo e companheiro de prática José Noronha, que o tinha encontrado numa livraria em Vancouver e lembrado de meu trabalho como psiquiatra no Hospital da Lagoa, no Rio de Janeiro, onde chefiava o Serviço de Saúde Mental e lidava mais diretamente com pacientes internados na Clínica Médica. Muitos deles estavam em tratamento oncológico e eventualmente fora de possibilidade de cura, sendo acompanhados até seu falecimento na enfermaria ou ambulatorialmente. Meu amigo achou que o livro seria útil, mas não imaginava o papel transformador que esta obra desempenharia em minha vida profissional e pessoal.

Li e reli a obra e passei a aplicar em minha prática profissional as meditações sugeridas em cada capítulo e as reflexões inspiradoras de Joan Halifax Roshi, que me mostrou que era possível inserir nos cuidados com os pacientes em processo de morte ativa (e mais tarde em todo o espectro das minhas atividades médicas) práticas contemplativas não sectárias, apesar de nascidas sob a influência da vivência budista da autora, mestra na tradição zen--budista e responsável pelo Instituto Upaya, onde desenvolve um trabalho fundamental de encontro e diálogo entre as tradições budistas e a filosofia e ciência ocidentais. Esse exemplo foi fundamental para que eu passasse a dar forma mais definida para minha própria integração nesses campos.

No início de 2010 comecei a estudar o livro junto com minha esposa, Marcia Souza Leal de Meirelles, psicanalista, que se interessara em aprender mais sobre os cuidados contemplativos que via influenciarem tanto minha prática. Em novembro desse mesmo ano ela foi diagnosticada como portadora de adenocarcinoma pancreático, e este livro tornou-se nosso guia no árduo percurso seguido até 31 de agosto de 2011, quando faleceu. Joan tornou-se, sem o saber, nossa mentora no processo de aprendermos a estar presentes no morrer, uma conselheira e amiga íntima. Antes de falecer, Marcia me sugeriu que após sua morte eu fosse pessoalmente a Upaya agradecer a Joan sua inestimável orientação.

Em maio de 2012 pude participar do seminário *Being with Dying* em Upaya e conhecer pessoalmente Joan Halifax, que a partir daí se tornou minha professora e me abriu vários caminhos na prática e na vida. Desde esse primeiro encontro sonhava com a possibilidade de que sua experiência e ensinamentos pudessem ser acessíveis aos leitores de língua portuguesa, e finalmente isso está acontecendo, graças aos esforços de Gisela Zincone, que se tornou além de editora da Gryphus uma amiga e parceira nesse sonho, e de Valéria Sattamini, querida irmã no Darma e companheira de estudos sob a orientação de Joan Halifax Roshi em Upaya, autora desta excelente tradução, que traz os ensinamentos dessa notável pesquisadora e professora para o público brasileiro.

Este livro certamente terá um papel semelhante em sua vida, seja qual for o motivo de seu interesse. Joan consegue conversar informalmente com seus leitores, e naturalmente vai ocupando o papel de guia nesse processo de aprender o estar presente no morrer, que na verdade é aprender a estar presente em todos os momentos da vida. É um livro para ser lido com vagar, tempo de elaboração e prática das meditações, excelente manual para os que se interessam pelos cuidados contemplativos. Que você possa usufruir destes preciosos ensinamentos, tanto ou mais do que eu, são meus votos.

Alcio Braz
Rio de Janeiro, janeiro de 2018

PREFÁCIO

Presente no morrer é uma frase que prontamente descreve a condição humana. Nós podemos ser únicos entre as espécies, no sentido de sermos conscientes de nossa mortalidade. Apesar de a capacidade de contemplar a morte ser um traço humano essencial, a maioria das pessoas evita ativamente pensar sobre como sua vida pode terminar. Enquanto a orientação dominante da cultura ocidental diante da morte é a negação, por mais de 2.500 anos os budistas têm estudado a questão de como alguém pode viver melhor na presença da morte. Em certo sentido, um ferimento ou doença que ameace nossa vida faz de nós todos budistas, acordando-nos da ilusão da imortalidade, de repente e desse tempo em diante. A partir do momento do diagnóstico, a morte se torna o sino que não para de tocar. Como uma temida chamada telefônica, podemos tentar evitá-la, mas o ruído está sempre lá. Podemos nos distrair com informações médicas e atividade frenética. Podemos beber ou tomar drogas para colocar a sujeira debaixo do tapete, mas nos momentos silenciosos nós podemos sempre ouvir o seu soar. Por último, usualmente relutantes, descobrimos que somente atendendo à chamada podemos ter esperança de silenciar a campainha estridente que soa dentro de nós.

Uma doença que nos ameaça a vida nos chama para um lugar – metaforicamente um deserto ou o pico de uma montanha – onde, assim que sentamos, o duro vento da realidade remove todos os ornamentos da vida, como o excesso de roupas, maquiagem e acessórios. Somos deixados nus, somente "eu" com minha inspiração e expiração neste momento, aqui e agora. A doença revela que a cada momento de cada dia nós estamos – e sempre estivemos – meramente a uma batida de coração distantes da morte. Este fato incontrovertível não precisa ser deprimente. Ao contrário, como Roshi Joan Halifax eloquentemente expressa neste extraordinário livro, nossa prontidão para morrer pode informar e avivar a maneira como vivemos e como nos relacionamos uns com os outros.

Sentando somente com nossa respiração, podemos descobrir que, ao perdermos tudo, nos associamos à vida, descobrimos uma nova vida dentro de nós – crua, elementar e pura. Não é fácil. As rupturas da doença podem ser aterrorizantes. Orientação é bem-vinda de alguém como Roshi Joan, que é familiarizada com este terreno ameaçador. Ainda que sozinhos, temos a sabedoria de nossos corpos. Nossa inspiração fornece, literalmente, inspiração, enquanto a expiração, assim como o som de "aaahhh", permite nos estabelecermos calmamente nesta nova realidade.

De fato, a mortalidade nos ensina muita coisa sobre a vida, se permitirmos. As pessoas que eu tenho encontrado como pacientes têm frequentemente me contado que ter uma séria condição ameaçadora da vida os forçou – ou lhes deu a oportunidade – de mudar a prioridade das coisas, equilibrando tempo e energia. Pergunte a uma pessoa que está numa fila de espera para um transplante de coração ou fígado, ou a alguém enfrentando quimioterapia para câncer pela terceira ou quarta vez, "O que importa mais?", e a resposta sempre incluirá os nomes das pessoas que eles amam. Depois do diagnóstico, muitas pessoas decidem rapidamente completar projetos ou passar adiante responsabilidades relacionadas ao trabalho. A maioria decide gastar mais tempo com a família e os amigos. É comum para as pessoas colocarem uma maior ênfase nos aspectos estéticos da vida, incluindo comida (quando podem apreciá-la), natureza, crianças, música, arte e outras coisas relacionadas à beleza.

Seria errado dar a impressão de que, ao tomar conhecimento de sua mortalidade e da proximidade da morte, as pessoas devam abraçar a morte ou tornar-se passivas, enquanto se preparam para "ir gentilmente em direção à boa noite". De fato, na minha experiência, um elemento de desafio sempre existe dentro de uma atitude emocional e psicologicamente robusta diante da vida e da morte. Talvez o ato mais desafiador diante da morte seja o amor de uma pessoa por outra. O amor de duas pessoas é um ato deliberado de criação e afirmação da vida. No contexto de uma doença progressiva e incurável, o amor é uma declaração à força maior de que, mesmo que não possamos mudar nada, incluindo a própria morte, nós nos importamos um com o outro!

Por diversas vezes tenho testemunhado extraordinárias pessoas respondendo ao que elas sentiram como sendo a mais completa injustiça e falta de aceitação da proximidade da morte por se tornarem cada vez mais completamente vivas a cada momento. Isto não era negação, mas uma sofisticada resposta a uma indesejada e difícil situação. Uma pessoa assim, uma adolescente com leucemia recorrente, disse sobre sua vida decrescente, "É o que é." Ela sabia que tinha um tempo limitado para viver, ainda assim não estava prestes a dar à morte mais poder do que lhe era devido. Ao invés disso, estava determinada a abraçar a vida com maior intensidade no tempo que lhe havia restado.

Presente no morrer não é um assunto filosófico ou metafísico desconectado da realidade da vida; é muito mais uma prática de significado profundo e pragmático. Este livro é uma dádiva de sabedoria e orientação prática para o viver.

Ira Byock, MD

INTRODUÇÃO
Curando a divisão

Em muitos ensinamentos espirituais, a grande divisão entre vida e morte colapsa em uma energia integrada que não pode ser fragmentada. Nesta visão, negar a morte é negar a vida. Envelhecimento, adoecimento e morte não têm que ser equiparados ao sofrimento; nós podemos viver e praticar de tal modo que morrer seja um rito natural de passagem, uma completude de nossas vidas e mesmo a última liberação.

O belo e difícil trabalho de oferecer cuidado espiritual para pessoas que estão morrendo surgiu em resposta à amedrontada versão americana da "boa morte" – uma morte que quase sempre nega a vida, é antisséptica, dependente de drogas, emaranhada em tubos, institucionalizada. E nossa gritante ausência de rituais significativos, manuais e materiais para uma morte consciente tem gerado um excesso de literatura. Apesar de técnicas de cuidado compassivo terem sido desenvolvidas especificamente para pessoas que estão morrendo e cuidadores, muitos desses ensinamentos sobre a morte podem ser endereçados a aventureiros saudáveis também – acólitos desejam avidamente não só explorar todo o alcance das possibilidades da vida, mas também focar pragmaticamente na única certeza de nossas vidas.

Após quatro décadas sentando com pessoas que estão morrendo e seus cuidadores, acredito que estudar o processo de morrer beneficia também aqueles que podem ter muitos anos de vida pela frente. É claro que pessoas que estão doentes ou sofrendo, morrendo de envelhecimento ou doenças catastróficas podem ser mais receptivas a explorar o grande assunto do morrer que aqueles que são jovens e saudáveis, ou ainda acreditam em sua própria indestrutibilidade. Quanto mais cedo pudermos abraçar a morte, mais tempo teremos para viver completamente e para viver na realidade. A aceitação de nossa morte influencia não somente a experiência do morrer, mas a experiência do viver; vida e morte se encontram no mesmo *continuum*. Uma pessoa não pode – como muitos de nós tentamos fazer – levar a vida plenamente e lutar para manter o inevitável à distância.

No nosso desconforto, habitualmente fazemos piada sobre a morte, a única coisa tão certa quanto os impostos. Woody Allen notoriamente caracterizou a atitude que a maioria de nós acha divertida e normal: "Não é que eu tenha medo de morrer, só não quero estar lá quando acontecer".[1] Engraçado, sim; mas a trágica distorção é que, quando você evita a morte, também evita a vida. E eu não sei sobre você, mas quero estar lá durante ela toda.

Quando um grupo de pessoas se junta para um retiro de meditação, importantes mudanças podem ocorrer na mente e na vida de uma pessoa. Frequentemente penso em um retiro em particular, porque o que aconteceu um dia ilustra com intensa claridade a fragilidade destes corpos humanos que habitamos e a gravidade do que os budistas chamam de "o grande assunto da vida e da morte".

Esse retiro em particular aconteceu lá pelos anos 1970, num pacato centro em Cortez Island, no Canadá, um lugar chamado Cold Mountain Institute. Era a manhã inicial do programa e tínhamos terminado recentemente o primeiro período de meditação sentada em silêncio. O sino tocou suavemente para anunciar o fim do período e todos alongamos nossas pernas e ficamos de pé para a prática de meditação andando – mas um homem continuou sentado.

---

1 ALLEN, Woody. "Death: A Play", in *Without Feathers*. Nova York: Random House, 1975. p. 106.
N. do T.: No Brasil, "Morte (Peça em um ato)" está no livro *Sem plumas*, lançado pela L&PM Pocket, com tradução de Ruy Castro.

Eu me lembro de me sentir preocupada, quando me virei para olhar para ele: por que ele não estava se levantando? Ele ainda estava sentado na posição de lótus completo, suas pernas estavam perfeitamente dobradas e seus pés repousando sobre suas coxas. Então, conforme observei chocada, seu corpo tombou para um lado, caído e flácido, e ele foi ao chão. Ele morreu naquele lugar.

Havia vários médicos e enfermeiros participando do retiro que ajudaram a aplicar ressuscitação cardiopulmonar e administrar oxigênio, mas era tarde demais. Depois soubemos que sua aorta havia explodido enquanto estávamos todos sentados em meditação.

Esse homem era perfeitamente saudável – talvez nos seus trinta e tantos anos. Ele quase certamente não havia imaginado, quando foi àquele retiro, que iria morrer ali. E, no entanto, naquele dia, 60 pessoas sentaram para meditar – e apenas 59 se levantaram.

É uma história inquietante para muitos de nós, que nos movemos através de nossas vidas sentindo e agindo como se fôssemos imortais. Nós fluentemente enumeramos obviedades sobre a morte ser parte da vida, uma fase natural do ciclo da existência – e, no entanto, esse não é o lugar no qual a maioria de nós realmente funciona. A negação da morte corre solta por nossa cultura, deixando-nos terrivelmente despreparados para quando for a nossa vez de morrer, ou para a ocasião de ajudar os outros a morrer. Frequentemente não estamos disponíveis para aqueles que precisam de nós, paralisados que estamos pela ansiedade e resistência – nem sequer estamos disponíveis para nós mesmos.

Como alguém que trabalha com pessoas que estão morrendo, eu me sentia um pouco apologética sobre ser budista, preocupada de que minha prática pudesse ser sectária e inapropriada. Mas, através dos anos, vi o quanto os ensinamentos do Buda haviam ajudado os vivos e os que estavam morrendo de qualquer fé, e minhas reservas se dissolveram. É crucial que nós, ocidentais, possamos descobrir uma visão da morte que valorize a vida. O encontro entre o Oriente e o Ocidente desembrulhou os presentes do amor e da morte e agora podemos ver que eles são dois lados da moeda da vida. Espero que este livro, que reflete os 40 anos de trabalho que fiz no campo do cuidado com os que estão morrendo, revele algumas das extraordinárias possibilidades que se podem abrir para cada um de nós na vida, à medida que encontramos a morte.

O que está escrito aqui não é teórico, mas embasado no meu trabalho com pessoas que estão morrendo e nos muitos anos em que tenho tido o privilégio de ensinar cuidadores profissionais e familiares. É também influenciado por minha amizade com Roshi Bernie Glassman, que articulou os "Três Fundamentos", uma base para a pacificação. Os Três Fundamentos são "não saber", "dar testemunho" e "ação compassiva". Esses três refletem o tipo de experiências que tive com pessoas que estão morrendo, com aqueles que estão de luto e cuidadores. Os fundamentos se tornaram diretrizes para mim, enquanto pratico estar com os que morrem.

O primeiro fundamento, "não saber", nos convida a abrir mão de ideias fixas sobre os outros e nós mesmos, e abrir a mente espontânea do principiante. O segundo fundamento, "dar testemunho", nos chama para estar presentes com o sofrimento e a alegria no mundo, como ele é, sem julgamento ou qualquer apego a resultados. O terceiro fundamento, "ação compassiva", nos chama a voltar ou retornar ao mundo com o compromisso de libertar os outros e nós mesmos do sofrimento. Tenho usado os três fundamentos no meu trabalho com os que estão morrendo desde que Roshi Bernie os compartilhou comigo, anos atrás, e são usados neste livro como um meio para considerarmos como podemos estar com os que estão vivendo e os que estão morrendo.

Como você verá, não fiz muita distinção neste livro entre viver e morrer. Normalmente fazemos uma falsa dicotomia entre viver e morrer, quando na realidade não há separação entre eles, somente interpenetração e unidade. As meditações e práticas oferecidas aqui podem ser, com algumas pequenas mudanças, feitas por pessoas que estejam doentes ou morrendo, pelas pessoas queridas daqueles que estão morrendo, por alguém que esteja no papel de cuidador, por todos os seres ou simplesmente porque elas fazem nossas vidas mais vívidas e suaves.

Após cada capítulo neste livro, ofereço sugestões de meditações que você pode fazer sozinho, para que possa ter alguma experiência prática de como é começar a olhar para o grande assunto desta forma integrada e concentrada. Estas práticas são *upaya*, traduzidas do sânscrito como "meios hábeis" – as técnicas e tecnologias que podemos usar para ser mais habilidosos e efetivos em nosso viver e morrer através do treinamento de nossos corações e mentes. Elas são portais a serem adentrados, vez após vez, até que você se aproprie delas através de sua própria experiência com elas.

Algumas vezes eu digo que nosso monastério em Santa Fé deveria ter um *slogan* pendurado no portão: "Apareça". É isso que todos devemos fazer quando meditamos – apenas comparecer. Trazemos nós mesmos e todos os nossos pensamentos e sentimentos para a prática de estar com o que quer que seja, quer estejamos cansados, zangados, amedrontados, enlutados ou apenas cheios de resistência e sem vontade. Realmente não importa o que estamos sentindo, apenas chegamos no templo e sentamos. Então experimente usar o que quer que surja para você como um componente da sua prática de meditação: "Oh, veja quem está aqui hoje – resistência. Que interessante". Ou talvez: "Hoje eu estou assustado. Vamos sentar com isso".

Nossa atitude de abertura e inclusão é essencial como uma base para trabalhar com os que estão morrendo, com a morte, com o cuidado e o luto. O único modo de desenvolver a abertura para as situações como elas são é praticando as parcerias da presença e aceitação. Damos o nosso melhor para experimentar tudo da maneira mais ampla que podemos, sem deixar de viver nenhuma experiência, não importa o quão assustador possa parecer inicialmente.

Isso é na realidade um estado totalmente comum. Eu o chamo de "darma que não é lá grande coisa" – apenas vida cotidiana. Não é nada de especial. Com esse tipo de consciência aberta e espaçosa, estamos completos, e este momento está completo. Não há nada de especial a compreender, nenhuma realidade transcendental a alcançar, nada do lado de fora que esteja ocorrendo em algum dado momento. A prática contemplativa é uma atividade completamente natural. Podemos viver deste modo direto com as coisas exatamente como são. Embora certamente ajude ter sido treinado nesse processo por meio da meditação sentada, não precisamos reservar um tempo ou local particular, ou produzir um estado de mente especial para fazê-lo. Nem precisamos forçar essa experiência em nós mesmos. Quando o esforço autoconsciente ou uma experiência mental incomum surgirem, simplesmente observe, aceite e deixe-os ir. Perceber, relaxar e deixar ir – três aspectos-chave da atenção plena. A mente do não saber é simples, direta, aberta e fresca. Este tipo de mente é como as nuvens no céu, como a água fluindo, uma leve brisa; nada a obstrui.

Quer você esteja pensando, escrevendo, andando ou sentado em silêncio, esteja disposto a usar todos os ingredientes da sua vida da maneira como eles se apresentam para você, prometo que, como o poeta Rilke escreveu, "Nenhum sentimento é definitivo".[2]

Por mais insuportável que qualquer desconforto possa parecer, no final tudo que experimentamos é temporário. E, por favor, faça o maravilhoso esforço de estar presente em sua vida, a cada momento, neste momento – porque ele é perfeito, exatamente como ele é.

---

2 RILKE, Rainer Maria. "Deus fala", *in Rilke's Book of Hours*: Love Poems to God. Trad. Anita Barrows e Joanna Macy. Nova York: Riverhead Books, 1996. p. 88. Usado com permissão.
N. do T.: No Brasil, *O livro de horas*, de Rainer Maria Rilke, foi lançado em 2009 pela editora Assírio & Alvim, com tradução de Maria Teresa Dias Furtado.

PARTE UM
Território inexplorado

Para muitos de nós, a jornada rumo à presença do morrer começa com um diagnóstico, seja nosso mesmo ou de um amigo ou parente: Alzheimer, câncer, diabetes, um coração com insuficiência. Para outros, é a perda de um filho numa guerra, uma filha que levou uma bala perdida ou um tiro no pátio da escola, a morte de um mineiro de carvão sob a pressão da terra e das pedras. De repente somos lançados num território inexplorado; deixamos para trás tudo o que é familiar e nos movemos para o desconhecido. Em termos budistas, somos chamados para um reino de "não saber" ou "mente de principiante".

Na presença do morrer, vamos encontrar esse não saber, não importa o quanto tentemos mapear ou controlar tudo. Nós imaginamos: "Como deve ser morrer? Eu vou sofrer? Eu estarei sozinho? Para onde eu vou depois da morte? Vão sentir a minha falta? Será que a morte é dolorosa? É um alívio?" Fazendo estas perguntas o nosso não saber nasce, porque na verdade nunca poderemos respondê-las.

O primeiro fundamento, "não saber", pode parecer estranho para nós. O conhecimento conceitual é tão valorizado em nosso mundo. Entretanto, em muitas culturas a sabedoria é equiparada não ao conhecimento, mas a um coração aberto. E como nós podemos saber o que vai acontecer no próximo momento, de qualquer maneira? O antropólogo Arnold van Gennep chama esse processo de distanciar-se da previsível e habitual "separação", a primeira fase num rito de passagem, durante o qual adentramos o que não é familiar.³ Esta fase inicial de separação é onde a mente do não saber é aberta e afirmada. Esta determinação de permanecer aberta em meio à incerteza é ao que o antigo poema budista "Canção da joia espelho da consciência" se refere como "abraçar a estrada".⁴ Sabedoria, disse um professor zen, é uma mente preparada. Essa mente aberta e fresca é a mente que não confia em fatos, conhecimento ou conceitos. É mais profunda que o nosso condicionamento. É a mente que não é apegada a ideias fixas sobre si mesma ou outros. Esta é a mente corajosa, capaz de se separar da paisagem familiar da agitação mental e repousar na serena realidade de como as coisas são, ao invés de como nós pensamos que elas deveriam ser. Não saber reflete o potencial que todos os seres têm para uma mente clara e aberta – a mente de sabedoria da iluminação que é ao mesmo tempo sem chão, íntima, transparente, inconcebível e penetrante.

A verdadeira natureza da nossa mente é como um grande oceano, sem fronteira, completa e natural exatamente como é. A maioria de nós escolhe viver em uma pequena ilha no meio desse oceano para se sentir segura e ter um ponto de referência familiar. Então esquecemos de olhar além da nossa estável e aparentemente segura paisagem para a vastidão, que é quem realmente somos.

Quando morremos, as linhas que nos prendem à costa da vida são liberadas. Movemo-nos em direção a águas desconhecidas, muito além de nosso terreno familiar. André Gide nos lembra que não podemos descobrir novas terras sem perder de vista a costa por um longo tempo.⁵ Essa é a natureza do morrer: deixar-nos ir rumo ao desconhecido, liberando os ancoradouros e abrindo-nos para a vastidão de quem realmente somos.

3   GENNEP, Arnold van. *The Rites of Passage*. Trad. Monika Vizedom e GaLeboeuf Caffee. Londres: Routledge e Kegan Paul, 1960.
4   LIANGJIE, Dongshan. *Canção da joia espelho da consciência*. Trad. Joan Halifax e Kazuaki Tanahashi. Upaya Zen Center.
5   GIDE, André. *The Counterfeiters*. Trad. Dorothy Bussy. Nova York: Vintage Books, 1973. p. 353.

1
UM CAMINHO DE DESCOBERTA
A escuridão afortunada

Cresci no Sul dos Estados Unidos e uma das pessoas a quem eu era mais chegada quando criança era minha avó. Eu amava passar os verões com ela em Savannah, onde ela trabalhava como escultora e artista, entalhando lápides para as pessoas locais. Era uma notável mulher de vilarejo que frequentemente servia sua comunidade como alguém que oferecia conforto na doença e na morte, alguém que se sentava com amigos que estavam morrendo.

Entretanto, quando ela mesma ficou doente, sua própria família não pôde lhe oferecer a mesma presença compassiva. Meus pais eram boas pessoas mas, como outros de sua classe social àquele tempo, não tinham preparo para estar com ela em seus dias finais. Quando minha avó teve primeiro um câncer e depois um derrame, foi colocada em um asilo e deixada bastante tempo sozinha. E sua morte foi longa e difícil.

Isso foi no início dos anos 1960, quando o sistema médico tratava o morrer, assim como dar à luz, como uma doença. A morte era geralmente "tratada" num cenário clínico fora de casa. Visitei minha avó em um quarto simples e cavernoso no asilo, cheio de camas de pessoas que haviam sido todas inadvertidamente abandonadas por seus entes – e nunca vou me esquecer de ouvi-la implorar para que meu pai a deixasse morrer, a ajudasse a morrer. Ela precisava que nós estivéssemos presentes e nós recuamos diante de seu sofrimento.

Quando ela finalmente morreu, senti uma profunda ambivalência: pesar e alívio. Olhei dentro de seu caixão, na funerária, e vi que a terrível frustração que havia marcado suas feições agora havia ido embora. Ela parecia estar finalmente em paz. Conforme fiquei olhando para seu rosto suave, compreendi o quanto de seu sofrimento esteve enraizado no medo de sua família da morte, incluindo o meu. Naquele momento, firmei o compromisso de praticar observar os outros, quando eles morressem.

Apesar de ter sido criada como protestante, tornei-me budista não muito depois da morte de minha avó. Seus ensinamentos colocaram meu sofrimento da juventude em perspectiva e a mensagem de Buda era clara e direta – a liberação do sofrimento reside no próprio sofrimento e cabe a cada indivíduo encontrar seu próprio caminho. Mas o budismo também sugere um caminho que atravessa nossa alienação em direção à liberdade. Buda ensinou que devemos praticar ajudar os outros, enquanto cultivamos profunda concentração, compaixão e sabedoria. Mais adiante ensinou que a iluminação não era uma experiência mística, transcendente, mas um processo contínuo, chamando para as três qualidades fundamentais, ausência de medo, intimidade e transparência, e que o sofrimento diminui quando a confusão e o medo mudam para abertura e força.

Nos meus 20 anos, entrei na "caverna do dragão azul",[6] o espaço escuro dentro do qual o esgoto da minha breve vida havia-se acumulado. Eu sabia instintivamente que tinha que realizar a cura diretamente através da minha própria experiência, que minha relação habitual com a angústia só poderia ser resolvida encarando-a plenamente. Senti que fazer amizade com a noite era uma medida exigida para a sobrevivência e sabia intuitivamente que pensar sobre isso não seria de muita ajuda. Eu tinha que pra-

---

6   LOORI, John Daido. *Mountain Record of Zen Talks*. Boston: Shambala Publications, 1988. p. 21.

ticar com isso – ou seja, tinha que me sentar parada e olhar para dentro para que minha natural sabedoria se mostrasse.

Também entendi, graças ao movimento dos direitos civis e protestando contra a Guerra do Vietnã, que o resto do mundo também sofre. Meus ossos me contaram que os ensinamentos budistas poderiam ser a base para trabalhar e transformar a experiência de alienação, tanto pessoal quanto social, para que um comprometimento com a ação social começasse a criar fortes raízes dentro de mim. Descobri que poderia colocar minhas próprias dificuldades em perspectiva através do trabalho com aqueles cujos problemas eram mais difíceis que os meus.

A morte de minha avó me levou a praticar antropologia médica em um grande hospital urbano em Dade County, Flórida. O morrer virou um professor para mim, conforme eu testemunhava seguidamente como assuntos espirituais e psicológicos saltam em evidência para aqueles que encaram a morte. Descobri o cuidado como um caminho e como uma escola para desaprender os padrões de resistência tão incorporados em mim e em minha cultura. Oferecer cuidado, eu aprendi, também recomenda que permaneçamos quietos, deixemos ir, escutemos e estejamos abertos para o desconhecido.

Uma coisa que continuamente me preocupou foi a marginalização das pessoas que estavam morrendo, o medo e a solidão que essas pessoas experimentavam e a vergonha e a culpa que tocavam médicos, enfermeiros, as pessoas que estavam morrendo e suas famílias, à medida que as ondas da morte suplantavam a vida. Senti que o cuidado espiritual poderia reduzir o medo, o estresse, a necessidade de certas medicações e intervenções caras, processos penais e o tempo que médicos e enfermeiros tinham que gastar tranquilizando as pessoas, assim como beneficiar cuidadores profissionais e familiares, ajudando-os a aceitar o sofrimento, a morte, a perda, o luto e o sentido.

Conforme trabalhava com pessoas que estavam morrendo, cuidadores e outros experimentando a catástrofe, eu praticava a meditação para dar à minha vida uma forte espinha dorsal de prática e um coração aberto a partir do qual eu pudesse ver além do que pensava que sabia. Eu era grata por ter descoberto que o budismo oferece muitas práticas e *insights* para trabalhar hábil e compassivamente com o sofrimento, a dor, o morrer, a insuficiência, a perda e o luto – as coisas que São João da Cruz chamou de "a escuridão afortunada".[7] Este grande santo cristão reconheceu que o sofrimento pode ser afortunado pois, sem ele, não há possibilidade de maturação. Por anos a escuridão afortunada tem sido a atmosfera que confere claridade à minha vida, uma vida que havia visto a morte como inimiga, mas estava para descobrir a morte como uma professora e guia.

Como uma jovem antropóloga, mais adiante explorei a morte, estudando os registros arqueológicos da história humana. Com o passar dos milênios e através das culturas, o fato da morte tem evocado medo e transcendência, prática e espiritualmente. Tumbas neolíticas e pinturas das cavernas dos povos paleolíticos capturam o mistério através de ossos, pedras, corpos curvados como fetos e imagens de morte e transe nas paredes.

Mesmo hoje, quer as pessoas morem perto da terra, quer em arranha-céus, a morte é uma fonte profunda. Para muitos de nós, esta fonte tem sido esvaziada de seu mistério. Ainda assim temos a intuição de que um fragmento de eternidade dentro de nós é liberado no momento da morte. Essa intuição nos chama a tes-

---

7   JOÃO DA CRUZ, São. "The Dark Night", in *The Poems of St. John of the Cross*. Trad. John Frederick Nims. Chicago: University of Chicago Press, 1979. p. 19.
    N. do T.: São João da Cruz, *Noite escura*. Petrópolis: Editora Vozes, 2008. Coleção *Clássicos da Espiritualidade*.

temunhar – a apreender uma parte de nós mesmos, que talvez tenha sido escondida e silenciada.

Conforme a morte se aproxima, uma pessoa que está morrendo pode ouvir uma pequena voz convidando-a para a liberdade. Sentando com os que estão morrendo, sentando quieta em meditação e sentando no limiar de culturas diferentes da minha própria, também encontrei essa ainda pequena voz. Ela está ali para falar com todos nós, se nós lhe oferecermos silêncio suficiente para que seja ouvida.

MEDITAÇÃO
Como você quer morrer?

Alguns anos atrás, um amigo que estava morrendo leu para mim algumas linhas do épico hindu, O Mahabharata. Elas me fizeram sorrir. O virtuoso rei Yudhisthira (o filho de Yama, o Senhor da Morte) é questionado, "Qual é a coisa mais admirável no mundo?" E Yudhisthira responde, "A coisa mais admirável no mundo é que por toda nossa volta pessoas podem estar morrendo e nós não acreditamos que isso possa acontecer conosco".[8]

Ao ensinar o cuidado com os que estão morrendo, frequentemente começo fazendo perguntas que explorem nossas histórias em torno da morte, incluindo os legados que possamos ter herdado de nossa cultura e família. Olhar para nossas histórias pode ajudar a nos ensinar sobre o que acreditamos que pode acontecer quando estivermos morrendo e abrir novas possibilidades para nós.

Começamos com uma pergunta bem direta e simples: "Qual é o pior cenário possível de como você pode morrer?". A resposta

---

8 POLDEN, Jane. *Regeneration: Journey through the Mid-Life Crisis*. Nova Iorque: Continuum, 2002.

a essa pergunta espreita sob a pele de nossas vidas, subconscientemente moldando muitas das escolhas que fazemos sobre como as conduzimos. Nesta prática poderosa de autoinvestigação peço que você escreva livremente e em detalhes (dizendo como, quando, de quê, com quem e onde) sobre a pior morte que você pode imaginar para si mesmo. Escreva do seu menos censurado, mais incorreto estado de mente, e deixe os elementos não recomendados da sua psique emergirem enquanto você escreve. Leve cerca de cinco minutos para isso.

Quando terminar, pergunte a si mesmo como se sente, como seu corpo se sente e o que está emergindo para você – e escreva essas repostas também. É crucial neste ponto praticar a auto-observação honesta. O que o seu corpo está dizendo? Dê a si mesmo alguns minutos para escrever como imaginar esse cenário pessimista faz você se sentir.

Então leve mais cinco minutos para responder à segunda pergunta: "Como você realmente quer morrer?". Novamente, por favor, escreva isso com o máximo de detalhes possíveis. Qual é o seu tempo, lugar e tipo ideal de morte? Quem vai estar lá com você? E, num segundo tempo, quando você tiver terminado, dê alguma atenção ao que está acontecendo com seu corpo e mente, escrevendo essas reflexões também.

Se puder, faça esse exercício com mais alguém, de modo que você possa ver o quão diferentes suas respostas são. Surpreendentemente, os seus piores medos podem muito bem não ser partilhados por outros e suas ideias sobre uma morte ideal podem não ser as de outra pessoa. As minhas próprias respostas a essas perguntas mudaram com o passar do tempo. Há anos eu sentia que a pior morte seria uma morte prolongada. Hoje sinto que seria muito pior morrer de uma morte sem sentido, violenta. Uma morte prolongada poderia me dar tempo para me preparar mais plenamente. Além disso, na minha morte eu poderia ser de alguma ajuda para outros.

Numa escola religiosa, onde dei diversas aulas sobre a morte e o morrer, um terço da classe respondeu que gostaria de morrer durante o sono. E em outros lugares onde coloquei essas questões, mais pessoas disseram que gostariam de morrer sozinhas em paz do que eu poderia imaginar. Vários gostariam de morrer na natureza. Entre as milhares de respostas que recebi a essa questão, apenas pouquíssimas pessoas disseram que gostariam de morrer em um hospital ou em uma casa de repouso, embora estes sejam de fato os lugares onde muitos de nós iremos morrer. E quase todos queriam morrer de alguma maneira que fosse fundamentalmente espiritual. Uma morte violenta e aleatória foi observada como uma das piores possibilidades. Morrer sem dor e com apoio espiritual e um senso de significado foi considerado como o melhor dos mundos.

Finalmente, depois de explorar como você quer morrer, imponha a si mesmo uma terceira questão: "O que você está disposto a fazer para morrer do jeito que você quer?". Passamos por um monte de coisas para nos educarmos e treinarmos para uma vocação; a maioria de nós investe um grande tempo cuidando de nossos corpos e normalmente gastamos muita energia em nossos relacionamentos. Então agora, por favor, pergunte a si mesmo o que você está fazendo para se preparar para a possibilidade de uma morte aceitável e gentil. E como você pode abrir-se para a possibilidade da experiência da iluminação imortal, tanto neste momento quanto no momento da sua morte?

2
O CORAÇÃO DA MEDITAÇÃO
Linguagem e silêncio

Há alguns anos passei um tempo com um velho lama tibetano que parecia se regozijar conforme sua morte se aproximava. Perguntei-lhe se estava feliz porque estava velho e pronto para morrer. Ele respondeu que se sentia como uma criança que estava retornando para sua mãe. Toda sua vida havia sido uma preparação para a morte. Ele me disse que sua longa preparação para a morte na verdade havia-lhe dado sua vida. Agora que estava para morrer finalmente abriria sua mente para sua verdadeira natureza.

Uma prática espiritual pode nos dar refúgio, um abrigo no qual desenvolver *insight* sobre o que está acontecendo tanto fora de nós quanto dentro de nossas mentes e corações. Ela pode nos prover estabilidade, o que é tão importante para cuidadores quanto é para nós, que estamos de fato morrendo. Ela pode cultivar qualidades mentais saudáveis, como compaixão, alegria e desapego – qualidades que nos dão a resiliência para encarar e possivelmente transformar o sofrimento. E uma prática espiritual pode ser um lugar onde o que Keats chamou de "capacidade negativa" da incerteza e da dúvida pode-se transformar em um refúgio da verdade.

Uma mulher que estava morrendo descreveu sua experiência de meditação como estar sendo segura nos braços de sua mãe; ela disse que não estava escapando de seu sofrimento enquanto meditava, mas ao invés disso sentiu que a bondade e a força vieram ao seu encontro. Conforme se permitiu entrar em sua dor e incerteza, entendeu a verdade do não saber naquela grande entrega. Esta experiência deu-lhe uma equanimidade muito maior.

Nossos próprios sentimentos podem ser poderosos e perturbadores, quando sentamos quietos com alguém que está morrendo, testemunhamos o transbordamento emocional dos parentes em luto ou lutamos para estar completamente presentes e estáveis à medida que encaramos o medo e a raiva, a tristeza e a confusão daqueles cujas vidas estão passando por mudanças radicais. Podemos querer encontrar maneiras de aceitar e transformar o calor de nossos próprios estados mentais. Se tivermos estabilizado uma fundação em uma disciplina contemplativa, então podemos encontrar tranquilidade, amplitude e resiliência na tempestade – mesmo na tempestade de nossas próprias dificuldades em torno do morrer.

Budistas geralmente se referem a sua agenda regular de meditação como uma prática – porque nós estamos praticando estar presentes. Não temos que fazê-la perfeita, só temos que comparecer e praticar. E uma prática regular de meditação nos oferece como dons os irmãos da linguagem e do silêncio, dons que geralmente vêm de mãos dadas para ajudar. A linguagem traz *insights* cruciais para nossos corações e mentes, enquanto o silêncio é integral para cultivar profunda concentração, tranquilidade e estabilidade mental dentro de nós. Estratégias contemplativas usando esses dons irmãos nos preparam tanto para morrer quanto para o cuidado com os que estão morrendo. Algumas envolvem silêncio, foco e abertura, enquanto outras envolvem nutrir uma imaginação positivamente orientada ou gerar qualidades mentais saudáveis.

Frequentemente sentimos que o silêncio e a quietude não são bons o suficiente quando o sofrimento está presente. Somos compelidos a "fazer algo" – a falar, consolar, trabalhar, limpar, nos mover, "ajudar". Mas, no abraço compartilhado da meditação, um cuidador e uma pessoa que está morrendo podem ser acolhidos em um silêncio íntimo além da consolação ou assistência. Quando sento com uma pessoa que está morrendo, tento me perguntar, cuidadosamente, que palavras podem beneficiá-la? Alguma coisa realmente precisa ser dita? Posso ter maior intimidade com ela através de uma mutualidade além de palavras e ações? Posso relaxar e confiar em simplesmente estar aqui, sem precisar que a minha personalidade interfira na suave conexão que compartilhamos?

Um homem que estava morrendo me disse: "Eu me lembro de ter estado com minha mãe quando ela estava morrendo. Ela estava velha, como eu estou agora, e estava pronta para ir. Eu costumava simplesmente sentar com ela, segurar sua mão... Você poderia segurar a minha?" Então nós sentamos juntos em silêncio, com o toque unindo nossos corações.

Como o silêncio, as palavras podem ser de grande utilidade. Podemos confiar no dom da linguagem – seja oração, poesia, diálogo ou meditação guiada – como um caminho para revelar o significado de momentos e coisas. Ouvir o testemunho de uma pessoa que está morrendo ou um membro da família que está vivendo o luto pode servir àquele que está falando; tudo depende de como ouvimos. Talvez possamos refletir de volta as palavras e sentimentos de tal maneira que o narrador possa finalmente ouvir de fato o que ele falou. E testemunhar dessa forma também nos dá *insight* e inspiração como ouvintes. A linguagem pode afrouxar os nós que amarraram uma pessoa ao duro limiar do medo e trazer essa pessoa para verdades compassivas e que abram o coração. Boas palavras ou uma meditação guiada podem também cultivar uma atitude positiva e meios habilidosos para tratar desses assuntos.

A atenção plena, o cerne de tudo o que fazemos na presença no morrer, é uma prática de dar profunda atenção para o que está acontecendo no presente momento – o que está acontecendo na mente e no corpo do observador e também o que está acontecendo ao nosso redor. Podemos praticar estar atentos ao corpo, à respiração ou à experiência de mudanças físicas (incluindo náuseas e dor). Podemos também experimentar estar atentos às nossas respostas – os sentimentos que surgem em reação ao prazer ou desconforto – e observá-las surgir e desaparecer. E finalmente podemos estudar nossos estados mentais – como anseio, raiva, confusão, concentração, clareza ou dispersão. Estas são as quatro fundações da atenção plena: o corpo, os sentimentos, a mente e os objetos da mente.

Confiança e paciência combinadas a abertura e aceitação – qualidades nutridas pela prática da atenção plena – nos permitem sustentar a nós mesmos na presença no morrer. Estas qualidades nos ajudam a desenvolver a relação necessária entre compaixão e equanimidade e aprender a responder de um lugar que é mais profundo que nossa personalidade e nossa mente conceitual. Com equanimidade e compaixão como companheiras inseparáveis em nosso trabalho, somos também menos julgadores e menos apegados a resultados. Para mim, a prática de atenção plena tem sido o solo de meu aprendizado e prática de cuidado. Ela tem dado a muitos de nós o acesso ao espaço interior tranquilo do qual devemos aprender a obter nossa força e sabedoria.

A prática de atenção plena também nos ajuda a estabilizar a mente e o corpo. Ela nos ajuda a ser menos reativos, mais responsivos e mais resilientes. Ela reduz o estresse e abre nossa capacidade intuitiva.

A atenção plena é energizada pela aspiração de ajudar os outros. Um compromisso baseado em um estado de mente altruísta nos ajuda a romper com o nosso autoapego. O desejo de servir também ajuda a dar à nossa prática energia e profundidade, e a torna mais suave e inclusiva.

Seja rezando ou meditando, precisamos trazer todo o nosso ser para a nossa prática de meditação para que ela obtenha um real benefício. Nossa intenção de praticar para ajudar os outros e o compromisso, entrega incondicional e energia que trazemos para nossa prática fazem uma grande diferença na qualidade e no resultado de nossa meditação. Quando nos apaixonamos, por exemplo, colocamos muita energia em trazer o nosso melhor para os nossos amados. Se nos dizem que estamos gravemente doentes, vamos tentar com todas as nossas forças achar a cura. Nossa prática espiritual requer o mesmo grau de comprometimento e esforço. Também devemos estar atentos para o fato de que expectativas irreais podem ser um problema. Uma prática meditativa não é uma solução rápida para hábitos mentais de longa duração que estão causando sofrimento. Assim como o corpo necessita ser alongado devagar para ter maior flexibilidade, a mente precisa de tempo para seu treinamento. Nós não podemos levantar cargas pesadas em um dia, se não tivermos condicionado o corpo para fazê-lo. Não podemos imediatamente subir a grandes altitudes, se o corpo não estiver acostumado. Se as nossas expectativas forem muito grandes e começarmos a ter problemas, é possível que abandonemos a nossa prática.

De fato, os chamados problemas devem ser esperados, pois quando paramos nossas atividades física e mental habituais e nos sentamos quietos, as dificuldades geralmente se tornam mais visíveis. Podemos nos tornar até mesmo mais sensíveis ao sofrimento e correr o risco de sofrer um colapso. O que está provavelmente colapsando é o nosso ego – nossa identidade como um *self* pequeno, separado – e a nossa parte mais saudável deveria dar as boas-vindas a isto. Mas, geralmente, aceitar os sentimentos crus e difíceis que acompanham a desconstrução do ego pode não ser assim tão fácil. Seja paciente e saiba que as técnicas meditativas deste livro foram desenvolvidas através dos anos a partir de tentativa e erro. E o tempo é necessário para que elas sejam efetivas; portanto, seja paciente. As dificuldades com a sua prática podem inclusive ser um indicativo de que ela está funcionando. Mesmo se a paciência ou deixar ir não forem fáceis para você, tente suspender o julgamento e gentilmente se lembrar dessas qualidades sempre que a resistência estiver presente. Devemos estar dispostos a arriscar tudo, especialmente as coisas a que mais queremos nos agarrar.

Finalmente, não se esqueça da importância do comprometimento, da consistência e da motivação, os quais todos necessitam de esforço. Nós não podemos simplesmente sentar aqui e esperar que alguma coisa mágica aconteça. Traga você inteiro para sua meditação, incluindo o coração da aceitação quando parece que não há razão para continuar. Aceite esse sentimento e então vá adiante. Quando estas fortes resistências são usadas para dar suporte à nossa prática de meditação, elas lhe conferem força e profundidade – as mesmas qualidades de mente que fazem nosso encontro com o morrer ser mais saudável.

Junto com o esforço, cultive a consciência quando você não estiver de fato meditando, ficando em contato com o momento presente. O que quer que façamos neste trabalho com pessoas que estão morrendo, nós nos comprometemos a fazer com atenção plena, seja dando um banho de esponja, trocando uma roupa de cama, sentando em silêncio com um amigo doente, sentando em silêncio com nós mesmos. A prática formal de atenção plena nos dá um espaçoso e poderoso receptáculo no qual cultivar essa consciência – e nós necessitamos desse tipo de concentração porque, na presença no morrer, nossa atenção plena será rotineiramente desafiada por toda sorte de condições complexas: trabalhar com famílias em estados extremos de luto, ódio ou frustração; trabalhar com pessoas que estão morrendo, que sofrem de dores quase insuportáveis, medo, negação ou isolamento; sentar com um amigo que está capturado na lenta maré do Alzheimer ou com uma mãe cujo filho foi assassinado. A consciência concentrada sincroniza corpo, fala e mente, trazendo nossa atenção plena para a situação imediata sem adicionar nada extra.

Quando estamos aprendendo a praticar a atenção plena – e mesmo quando estivemos meditando por muitos anos – trazemos nossa concentração para aquele objeto mais íntimo, nossa respiração. Permanecemos naquela intimidade, então, expandimos a nossa concentração para incluir nosso corpo, aprendendo a residir na unidade de respiração, mente e corpo. Uma vez que estejamos familiarizados com esse estado, podemos abrir nossa concentração para incluir o mundo ao nosso redor. Lentamente expandimos nossa confiança além das cercas pontiagudas de nosso medo. É assim que podemos chegar a uma relação inquebrantável e íntima com a própria existência.

MEDITAÇÃO
Costas fortes, frente suave

A prática de acompanhar a respiração e aquietar a mente não é apenas central para a prática budista; acredito que seja crucial para a prática de presença no morrer também. Nesta meditação, vamos aprender como aquietar e encontrar tranquilidade dentro de nós mesmos, ajudando-nos a estar em paz com cada momento, o que quer que esse momento traga.

Sente-se em uma posição confortável, em que você seja capaz de ficar parado por algum tempo, seja numa cadeira ou numa almofada de meditação. Após sentar, lentamente tome consciência de sua respiração e de seu corpo. Deixe seu corpo se suavizar. Se estiver sentado em uma cadeira, relaxe as pernas e ponha os dois pés bem plantados no chão. Se estiver sentado em uma almofada, pode ajeitar suas pernas de qualquer modo que seja mais confortável, mas assegure-se de não prender a circulação. Sinta a força da gravidade. Assimile o ancoramento da terra em seu corpo e mente. Deixe todo seu corpo experimentar a força de sua estável conexão com a terra. Relaxe na firmeza dessa estabilidade. Agora traga a atenção para sua coluna vertebral. Respire na sua coluna vertebral. Aprecie o quão vertical, forte, flexível e condutiva ela é. Balance suavemente de um lado para o outro, conforme você ajeita sua postura. A força da sua coluna permite que você se mantenha em qualquer condição. Você pode lembrar dessa força, dizendo para si mesmo, silenciosamente: "Costas fortes." Sua mente e suas costas estão conectadas. Perceba o sentido de retidão e flexibilidade na sua mente.

Agora deixe sua atenção ir para sua barriga. Inspire na sua barriga. Deixe sua respiração ser profunda e forte, enquanto sua barriga sobe e desce. Sinta sua coragem e abertura naturais, enquanto você respira profundamente na sua barriga. Mudando a atenção para o seu peito, toque a suavidade, a sensação aberta desse espaço. Deixe-se ficar atenta a seu próprio sofrimento e para o fato de que, assim como você, outros também sofrem. Imagine-se livre do sofrimento e ajudando outros a se tornarem livres também. Sinta a força de sua resolução se levantar da sua barriga. Deixe seu coração aberto e permeável. Solte qualquer tensão, conforme você permite sua respiração passar através do seu coração. Lembre-se de sua própria ternura dizendo para si mesmo: "Frente suave."

Agora leve sua atenção para seus pulmões. Com a coluna ereta, deixe sua respiração entrar completamente em seus pulmões. Encha os pulmões suavemente de ar. Com gratidão, lembre-se de que sua vida é sustentada por cada respiração. Neste ponto toda a frente do seu corpo pode começar a se sentir aberta, receptiva e permeável. Através de seu corpo aberto, você pode sentir o mundo, o que oferece compaixão. Através da sua coluna forte, você pode estar com o sofrimento, o que lhe dá equanimidade. Deixe essas qualidades de equanimidade e compaixão se mesclarem. Deixe-as dar forma uma a outra e dar a você uma presença genuína. Costas fortes, frente suave. Essa é a essência do nosso trabalho de presença no morrer.

Levando a atenção para seus ombros, deixe que eles fiquem suaves e relaxados. Então, mude a atenção para suas mãos. Experimente as seguintes posições das mãos e veja como elas dão forma ao seu estado mental. Uma posição é deixar as mãos descansarem sobre os joelhos (com as palmas viradas para baixo), deixando a frente do corpo aberta. Este é um modo de entrar na consciência compartilhada, enquanto você sutilmente recebe tudo em sua consciência. Alternativamente, você pode colocar as mãos juntas (a esquerda sobre a direita, com as palmas viradas para cima e os polegares se tocando) em frente à sua barriga, o que fortalece a sua atenção interna e concentração.

O que você faz com seus olhos afeta a sua mente. Seus olhos podem estar contemplando adiante, sem se fixar em nada. Eles podem estar ligeiramente abertos, olhando para baixo, para o chão. Ou podem estar fechados. Com seus olhos abertos, você pode perceber a vida conforme ela se desdobra, trazendo uma sensação de luminosidade ao mundo fenomenal. Com os olhos ligeiramente bem abertos, você está na fronteira entre a sua mente e o mundo externo. Sem entrar em nenhum dos dois mundos, você traz ambos juntos na vacuidade. Com os olhos fechados, você relaxa numa concentração sem distração.

Quaisquer que sejam os sons, visões, cheiros, gostos ou sensações que surjam, simplesmente deixe-os passar para dentro e fora de sua atenção, conforme você deixa sua mente focada em sua respiração. Permita-se a simplicidade. Você está relaxando de tal forma que pode começar a cair num lugar que é mais profundo que a sua personalidade, mais profundo que a sua identidade, mais profundo que a sua história.

Quando tivermos completado nossa prática de meditação, oferecemos aos outros o que quer que tenha surgido de bom para nós. Também nos lembramos de trazer o espírito da prática para nossa vida cotidiana, para ajudar os outros.

Essa é a meditação básica à qual iremos retornar através do livro. Seguir a respiração por alguns minutos foi a melhor maneira que encontrei para acalmar a mente e o corpo e me preparar para qualquer prática mais complicada e potencialmente mais estimulante. Geralmente uso a respiração como objeto da minha atenção, porque esta vida depende dela. Mais adiante, você pode descobrir seu estado mental pela qualidade da sua respiração – ela está irregular ou suave, rasa ou profunda, rápida ou lenta? Frequentemente você pode se acalmar regulando sua respiração. Quando as coisas ficam muito complicadas ou dispersas, você pode sempre voltar para a respiração por quanto tempo necessitar para se ancorar novamente.

3
SUPERANDO O EFEITO PORCO-ESPINHO
Passando do medo para a ternura

O especialista em religiões mundiais, Huston Smith, contou a história de um conhecido psicólogo, um irascível homem idoso perto da morte. Certa manhã ele estava lutando para ir ao banheiro, uma enfermeira tentou ajudá-lo, mas ele partiu para cima dela: "Eu posso fazer sozinho!". Então caiu morto no chão. Smith usou essa história para ilustrar o quão defensivos sobre precisar de ajuda nós frequentemente somos. Chamou essa reação de "o efeito porco-espinho." Alguns de nós temos problemas de dependência e dificuldade em receber apoio de outras pessoas, reprimindo a ternura fundamental uns em relação aos outros.

Quase sempre nossa assim chamada força vem do medo, não do amor; ao invés de ter costas fortes, muitos de nós temos um escudo defensivo na frente e uma espinha dorsal fraca. Em outras palavras, andamos por aí frágeis e defensivos, tentando dissimular nossa falta de confiança. Se fortalecermos nossas costas, metaforicamente falando, e desenvolvermos uma espinha que seja flexível mas resistente, então podemos arriscar ter uma frente que seja suave e aberta, representando a compaixão sem escolha. O lugar no seu corpo onde esses dois se encontram – costas fortes e frente suave – é o bravo e tenro chão no qual enraizar profundamente nosso cuidado, quando começamos o processo de presença no morrer.

Como nós podemos dar e aceitar cuidado, com compaixão baseada em costas fortes e frente suave, passando do medo para um lugar de ternura genuína? Acredito que isso vai acontecer quando pudermos ser totalmente transparentes – vendo o mundo claramente e deixando o mundo ver dentro de nós.

O sacerdote zen Issan Dorsey me deu uma grande lição de como a transparência funciona. Issan fundou o Hartford Street Zen Center e o Maitri AIDS Hospice no distrito *gay* de São Francisco. Ele mesmo não havia sido diagnosticado como HIV-positivo, mas acreditava ser crucial oferecer ajuda para os irmãos que estavam morrendo ao seu redor. Apesar de o prédio ser fisicamente muito pequeno, qualquer coisa e qualquer pessoa podia caber debaixo de seu teto. Issan era um grande telhado budista.

De tempos em tempos, Issan e eu conduzimos retiros juntos e ele eventualmente me convidou para fazer parte da diretoria do Hospice. Por meio do trabalho de Issan, vi como o budismo podia funcionar de maneira prática para uma comunidade em crise. No Hospice você não sentia piedade. Só se refugiava junto aos outros, e aquele refúgio era tão grande quanto o céu. A prática ali era energizada pelas impurezas do sofrimento – e não consumida por ele.

Um dia Issan foi diagnosticado com AIDS. Ele esperava viver um longo tempo, mas, quando isso aconteceu, restavam-lhe apenas alguns anos. Pouco antes de sua morte, Issan recebeu a transmissão do darma de seu professor, Richard Baker Roshi. A transmissão do darma no zen budismo é a confirmação do despertar de um aluno. Issan estava tão frágil que mal conseguia andar até o altar para a cerimônia. Usando um roupão de banho, ele levantou tremendo de sua cadeira e deu alguns passos debilitados em direção a seu professor. Baker encontrou-o no meio do caminho e uma grande flor de lótus desabrochou naquele momento.

Eu acredito que Issan recebeu a transmissão do darma muitas vezes antes daquele dia. Ele era transparente para si mesmo e para aqueles à sua volta. Não era impedido por opiniões, identidades ou conceitos. Após uma das falas de Issan, um amigo me disse: "Que maravilhoso – nem uma única ideia!".

A saúde de Issan continuou a decair. Um dia vim do sul da Califórnia para visitá-lo no hospital. Apesar de ter estado à beira do leito de muitas pessoas que estavam morrendo, ver Issan morrer era duro para mim. Ele havia estado lá para tantos. Era um bom amigo, um modelo exemplar e também muito divertido. Sua vida nos ensinou o que significava ser um verdadeiro ser humano, presente para o outro de uma forma que qualquer sentido de "outro" desaparecia. Algumas vezes esse desaparecimento era no riso, algumas no silêncio. Algumas vezes ele olhava com seus olhos castanhos diretamente para o coração da questão. Como tantos outros, eu queria que meu amigo continuasse vivo.

Magro e frágil, enrolado em uma camisola de hospital, Issan estava sentado na cama, na tardinha em que eu fui visitá-lo, talvez um mês antes de sua morte. Sentei-me ao lado de sua cama e de repente minha face estava molhada de lágrimas. Issan se esticou para tocar minha mão, olhou para mim e disse: "Isto não é necessário." Então sorriu.

Naquele gesto de gentileza, algo que eu não havia visto antes ficou claro para mim. Eu pensava que havia ido lá para cuidar de Issan, mas na verdade Issan estava cuidando de mim. Como um verdadeiro Buda de compaixão pura, sem intermediações, ele segurou um espelho que me permitiu ver através de minha piedade desnecessária, que era extra, e ver dentro da verdade de nossa amizade. Algo sutil – além da piedade, além da linguagem – conectou-nos e nos fez transparentes um para o outro. Nós não podemos perceber esse tipo de liberação sem a presença da inter-relação. Aí é onde o espírito aparece – não em um indivíduo, mas entre indivíduos. Quando isto acontece, a distinção entre o eu e o outro simplesmente desaparece, assim como os espinhos do medo que envolvem o coração. Nesse momento de comunhão transparente, Issan e eu parecemos ter aberto a caixa do tesouro do amor e da morte.

Como podemos desenvolver essa transparência? Penso sobre isso algumas vezes nos termos de uma flor de lótus. As raízes do puro lótus branco estão enterradas profundamente na lama escura do lago. Mas é essa mesma lama que o nutre e alimenta, fazendo possível para a flor se abrir em esplendor para o sol.

A flor de lótus é na verdade nossa mente desperta, nutrida pelo sofrimento. Talvez alguns de nós tenhamos nos escondido nos eus descartados e enraizados do nosso passado que jazem no fundo de nossos corações. Agora nos pedem para usar nosso sofrimento como alimento e combustível, para fazer nossas vidas e a vida do mundo mais visíveis. É tempo de consumir a substância úmida, densa, do sofrimento que fez nossa vida tão pesada e difícil de lidar. Em nossa prática, nós nos tornamos alimentadores de fundo, comendo comida de lótus para que possamos ter a força de abrir nossos corações e mentes para o mundo, do jeito que Issan fez.

Geralmente é preciso um acidente, um diagnóstico catastrófico ou um desastre para nos abrirmos e sermos capazes de aceitar nosso próprio sofrimento de um modo maior e mais paciente. Mas o sofrimento também nos faz mais suaves. Quando somos muito sensíveis, podemos querer proteger a nós mesmos nos esquivando. O sofrimento é uma espada que pode cortar de duas maneiras – ela pode nos libertar ou nos levar a nos esconder.

Para encontrar o sofrimento e testemunhá-lo sem colapsar ou fugir para a alienação, primeiro precisamos estabilizar a mente e fazer amizade com ela. A seguir, abrimos a mente para a vida – a inteireza da vida, dentro de nós e à nossa volta, vendo-a clara e incondicionalmente a partir dessa base interior estável. E então, sem medo, abrimos nossos corações para o mundo, dando-lhe boas-vindas, não importando o quão miserável ou cheio de dor ele possa ser. Passei a chamar isso de "transparência tríplice" – nós sendo transparentes para nós mesmos, o mundo sendo transparente para nós e nós sendo transparentes para o mundo.

Ajuda a nos aproximarmos de cada pessoa, cada situação, com um senso de abertura, uma mente de não saber. Geralmente isto é difícil; erroneamente pensamos que nossas habilidades práticas de cuidado são tudo o que temos para dar. Entretanto, nossa presença nascida da abertura é na verdade a maior oferenda que podemos fazer. Mesmo quando estamos fazendo pelo outro, nosso ser dá suporte a esse fazer. É assim que nós podemos testemunhar da melhor forma. Um homem idoso, que trabalhou no Hospice, me disse uma vez: "Eu tento deixar tudo o que sei no carro, antes de entrar na casa de alguém que está morrendo." Assumir que "sabemos" apenas encobre o nosso medo.

Não importa o quão ocupados estejamos, podemos simplesmente trazer elementos contemplativos para a nossa prática de cuidado que nos vão ajudar a seguir o exemplo da pessoa que está morrendo e oferecer o destemor. Compartilhar a prática da oração, do silêncio e da presença com uma pessoa que está morrendo também serve para o bem-estar do cuidador. Quando você se encontrar preso em situações à sua volta ou em sua própria esperança e medo, desacelere. Ou mesmo pare. Cultive o hábito de prestar atenção à respiração continuamente; use a respiração para estabilizar e concentrar a mente.

Também podemos usar as palavras para gerar um estado de presença e autocompaixão. Por exemplo, os lembretes seguintes podem ser úteis. Eu os uso em minha própria prática e os compartilho com outros cuidadores e pessoas que estão morrendo. Na inalação, diga para si mesmo: "Inspirando, acalmo corpo e mente." Na exalação: "Expirando, eu deixo ir." Inalação: "Habitando no momento presente." Exalação: "Este é o único momento." Aprendi uma versão desta prática do professor budista Thich Nhat Hanh há muitos anos. Ela tem sido uma boa amiga desde então.

Uma boa maneira de nos conectarmos ao momento é usar o campo dos sentidos. Olhe através da janela para o céu por um instante. Ouça atentamente os sons do aposento. Toque a pessoa que está morrendo com atenção. Dê alguns goles de água fresca. Entregue-se plenamente a cada detalhe do momento presente. Então respire profundamente e relaxe a tensão do seu corpo, enquanto você exala. Lembre-se do porquê de você estar fazendo este trabalho. Os budistas tibetanos dizem que todos fomos mães uns dos outros em uma vida pregressa. Imaginando todos os seres como suas mães, pratique oferecer amor igualmente a todos que você encontra, incluindo estranhos, criaturas e mesmo aqueles que o feriram. Esta prática não é sempre fácil para nós ocidentais, que podemos ter relações conflituosas com nossas mães. Mas posso imaginar um ser que tenha dado a mim e a outros vida, proteção, nutrição e bondade. Quando estou cuidando de uma pessoa que está morrendo, tento tanto oferecer quanto receber bondade, como se eu fosse a mãe de quem está morrendo, e ver a pessoa que está morrendo como minha mãe, dizendo silenciosamente para mim mesma: "Agora é tempo de retribuir a grande bondade de todos os seres mães." Pensar em todos os seres com amor maternal é um bom ponto de referência quando caio num comportamento automático, estou me sentindo alienada ou estou tendo problemas em abrir meu coração.

Anos atrás visitei um monastério localizado na densa e úmida selva de Bangkok, Tailândia. Imensas formações colunares de rocha calcária apontavam por cima da copa da floresta. Quando me dirigi para a área principal do centro, fiquei um pouco surpresa porque os *kutis*, ou cabanas de meditação, eram enjaulados. E amarrados às jaulas havia grandes, vermelho-brilhantes, crocodilos empalhados. Era uma visão um tanto bizarra.

Ainda mais interessantes eram as centenas de macacos dando cambalhotas por todo lugar. Era um verdadeiro zoológico, mas as monjas estavam enjauladas, não os macacos.

Deixei meu carro apenas com um pouco de tremor, já que havia tantos macacos excessivamente amigáveis. Enquanto eu me dirigia à área principal do monastério, com macacos dançando à minha volta, a velha abadessa me convidou para sentar no meio deles e conversar sobre a prática com ela. Pensei comigo mesma: "Mais uma interessante experiência budista." No meio da tagarelice de centenas de macacos, fui assaltada por um terrível odor. Para não parecer indelicada, mantive meus olhos na minha anfitriã, enquanto nossa conversa sobre meditação continuava. Finalmente tive que olhar ao redor para ver qual era a fonte desse cheiro estragado. Meus olhos caíram sobre uma macaca cujos olhos estavam cheios de um terrível estresse. Em seus braços um bebê macaco que estava morto há algum tempo. Seu pequeno corpo estava inchado, os olhos cheios de insetos. Eu estava atordoada. Não podia acreditar no que estava vendo. Ela me lembrava Kisagotami, que não desistia do corpo morto de seu filho. No caso de Kisagotami, o Buda e sua vila a ajudaram a reconhecer a verdade de que todos os seres compartilham a mortalidade. Para essa mãe macaca não havia Buda para ajudá-la a ver a verdade da impermanência e a futilidade de se agarrar.

No meio da nuvem de macacos em volta, meus olhos encontraram os olhos dessa mãe macaca e nós descansamos em dor mútua por alguns minutos. Em meu coração, implorei-lhe a ela para deixar seu bebê ir. Já era tempo. E, naquele instante, algum tipo de olhar inteligente tomou conta de seu rosto, ela se virou e vagarosamente caminhou em direção à floresta escura com o bebê agarrado a um de seus braços. De alguma forma ela confiou o suficiente para parar, e eu confiei o suficiente para encontrá-la também.

Nossa verdadeira natureza é a de um buda, uma palavra que significa simplesmente "desperto". E, na verdade, o objetivo de toda prática contemplativa é realizar essa disponibilidade inerente, essa experiência de ser simplesmente não egoísta. O estado desperto é o que repousa debaixo de nossa personalidade, história, cultura, expectativas e além das espécies. Se as condições são corretas, qualquer um pode despertar para a realidade básica de que a corrente da mente é pura e o coração é bom. É por isso que meditamos; é por isso que contemplamos; é por isso que oramos: para nos trazer de volta para casa, para quem nós realmente somos. Veja o que acontece quando seguramos esse pensamento a cada momento: "Eu vou me libertar do emaranhamento, do desespero, da miséria, e realizar um coração, uma mente." Lembre--se, o despertar ocorre através da intimidade e da transparência – olhe de perto e veja que todos nós estamos unidos uns aos outros através dos laços do sofrimento e dos laços da liberdade.

Por favor, descubra que a transparência é a verdadeira fundação do destemor e realize a transparência em todas as três dimensões. Primeiro torne-se transparente para você mesmo, por meio de um questionamento pessoal. Meditação e senso de profunda interiorização revelam a sua mente e tudo o que ela carrega. Então, torne o mundo transparente para você. Veja dentro da natureza da realidade, dentro do coração dos outros, dentro do coração do mundo. E, finalmente, torne-se transparente para os outros. Aprenda a ser aberto, vulnerável e não defendido nas suas relações. Realizar essas três transparências requer de nós mergulhar no desconhecido e no incognoscível de nossos próprios corações e mentes e abrir nossos corações para o mundo. Esse é o amor que Issan me mostrou quando tocou minha mão e me ofereceu o destemor; essa é a conexão que senti com aquela mãe macaca, cuja dor parecia correr tão profundamente.

MEDITAÇÃO
Misericórdia – Colocando-se no lugar do outro

Alguém uma vez me disse que a misericórdia é a graça da compaixão. É uma das maneiras pelas quais expressamos nosso amor e não dualidade em relação uns aos outros. Misericórdia é uma qualidade de grande valor para nosso trabalho com pessoas que estão morrendo e aqueles que estão sofrendo. Como podemos cuidar com misericórdia? A misericórdia precisa estar lá, ou o nosso cuidado é frio e mecânico, defendido e encolhido com medo, ou hesitante e distraído.

A prática seguinte é tão simples e ainda assim talvez uma das mais difíceis que podemos fazer. É uma prática de última e extrema compaixão, um bravo ato de amor, quando podemos realmente ver através dos olhos do outro.

Primeiro, lembre-se do porquê de você estar praticando. Relembre sua aspiração, este voto de realmente ser de benefício para os outros, este voto de despertar do seu próprio sofrimento. Deixe sua prática repousar nas mãos do seu bom coração, enquanto você se lembra do pedido do seu ser interior.

Agora, traga à sua mente e ao coração a presença de alguém que está sofrendo profundamente. Talvez esta pessoa esteja sentada em frente a você agora mesmo.

Abra seu coração e sua mente a ela. Sinta-se indo em direção ao coração dessa pessoa. Olhe através de seus olhos. De fato, imagine que você é esta pessoa, vivendo sua vida, sentindo seu sofrimento e conhecendo seu verdadeiro coração.

Seja esta pessoa. Sinta como ela experimenta seu mundo, sua vida. Troque-se por esta pessoa, no nível mais profundo.

Depois de algum tempo ter passado, deixe-se repousar na presença incondicional. Termine a prática, dedicando o mérito ao bem-estar de outros.

4
A MARIONETE E O HOMEM DE FERRO
Compaixão altruísta, otimismo radical

Através dos anos as pessoas me têm feito perguntas do tipo: "Como você pode tocar alguém cujo corpo está coberto por lesões?" "Não é difícil estar perto de tanta dor e sofrimento?" "Você não se sente esgotada por se doar tanto?" "Que tipo de gratificação há em fazer esse tipo de trabalho, quando o resultado é a morte?" "As emoções das pessoas não a sobrecarregam?" "Não é assustador estar perto dos que estão morrendo o tempo todo?" "Você não fica entorpecida, lidando com a perda e a tristeza com tanta frequência?"

No começo não era fácil. Não saía naturalmente ou instintivamente. Trabalhar tão perto da morte frequentemente me apavorava; eu tinha medo que pudesse pegar a doença da pessoa que estava morrendo. Quando reconheci, entretanto, que eu já tinha o que aquela pessoa tinha – mortalidade – parei de ter medo de pegá-la.

Reconhecer essa interconexão intrínseca é a base de oferecer o destemor e o começo da compaixão. Paciente e cuidador são um e o mesmo, conectados pela vida e pela morte, bem como pelo sofrimento e pela alegria. Quando conseguimos atravessar o medo, reconectando-nos uns aos outros, a verdadeira compaixão surge.

O zen usa as imagens do homem de ferro e da marionete para descrever o que é oferecer ausência de medo. O homem de ferro – ou mulher de ferro – corporifica a compaixão através da força inabalável e da equanimidade. Ele exemplifica as três qualidades: determinação, resiliência e durabilidade. Ele não é apegado ao resultado e não tem absolutamente nenhum interesse em oferecer consolo – expressa amor sem piedade. Com sua profunda equanimidade, o homem de ferro trabalha a partir de um eixo de intenção que lhe permite estar plenamente presente e imóvel nesse exato momento. Coloca-se numa posição difícil e é fortalecido por ela ao mesmo tempo que a fortalece. Este é o próprio coração de nosso trabalho, esta prática contínua de sublime derrota, como uma espada forjada, derrotada pelo fogo e martelada para se tornar forte.

Meu pai foi um "homem de ferro" ao enfrentar a morte. Um amigo com AIDS foi um "homem de ferro", quando deitou em meus braços e aceitou sua morte como um presente para todos que estavam sofrendo como ele. Uma cuidadora amiga me mostrou a força de uma "mulher de ferro", quando se sentou em silêncio na cabeceira de sua mãe, testemunhando quatro dias de implacável fúria selvagem que finalmente se resolveram na forma de bênção no momento de sua morte.

A outra imagem budista para o oferecimento do destemor é a marionete, um símbolo bem diferente para a compaixão. A marionete simplesmente responde ao mundo como ele é. Não há eu; não há outro. Alguém tem fome; comida é oferecida. Alguém tem sede; bebida é oferecida. Alguém tem sono; uma cama é arrumada. Para a marionete, o mundo é o marionetista ao qual ela responde perfeitamente sem estratégia, motivação ou pensamento sobre resultado. Pode-se sempre contar com ela, pois sua frente é suave e aberta; ser uma marionete é testemunhar e responder ao sofrimento com uma ternura que não conhece fronteiras.

A marionete e o homem de ferro praticam o que eu chamo de "otimismo radical." Eles não têm expectativas sobre um resultado específico – sobre morrer uma boa morte ou ser um cuidador perfeito. E porque eles não têm essas ideias ou expectativas, podem praticar o otimismo de verdade. Esse tipo de otimismo surge diretamente do não saber. É livre de tempo e espaço, de si mesmo e do outro – ainda que esteja embutido no próprio conteúdo de nossas vidas diárias.

Isso pode soar enigmático, mas tem um real significado. Quando eu me sento com uma pessoa que está morrendo, ou com prisioneiros na penitenciária local de segurança máxima, se eu permitir que um pensamento sequer sobre resultado, desponte, a verdade do momento morre. Parei de estar com o que é e comecei a ter ideias sobre o modo como penso que deveria ser.

As pessoas sempre me perguntam sobre ter uma "boa morte". Mas, na visão do otimismo radical, não há morte boa ou ruim, é simplesmente estar com os que morrem; cada ser faz do seu jeito. Sem ideias de ganho, sem apego a resultados, o cuidador radicalmente otimista presta testemunho e oferece ausência de medo. Um velho ditado zen oferece outro modo de colocar isso: "Pescar com um anzol reto" – significando "não busque resultados". Seja no início, no meio ou no fim, apenas exista nesse exato momento.

Um amigo meu com AIDS lutou longa e duramente no seu processo de morrer, mas finalmente chegou a um lugar onde, após muita dor, estava sofrendo por todos os homens que tinham Sarcoma de Kaposi. Desse jeito trouxe a si mesmo para a paz. Conforme ele sentiu sua conexão com todos aqueles cujos corpos desabrochavam em lesões de cor púrpura, sua autoabsorção o abandonou e ele foi inundado pelo amor. Ele me disse um dia que podia ver por que o sofrimento de Cristo era um modelo para o nosso. "Quando você sofre, sofre junto com todo mundo", ele disse. Em sua dor, sabia que não estava só.

Conforme ele falava, vi uma lágrima de alívio deslizar devagarinho por sua bochecha. Seus dedos alcançaram os meus. Não havia nada a ser dito. Nós simplesmente deixávamos nossos dedos se tocarem e se entrelaçarem. Ele então me pediu para abraçá-lo e cantar. Conforme eu o segurei, ele parecia uma pequena, macilenta criança, com flores roxas cobrindo seu corpo. Ele suspirou no tom com a simples canção que havia pedido. Por um tempo estava completamente relaxado e parecia estar livre da dor. E eu relaxei também. Ele havia dado a nós dois uma profunda razão para viver e deixar ir.

Uma vida espiritual não é sobre estar autoconsciente ou usar um broche que diz "Eu sou um bodhisattva!", é sobre fazer o que você tem que fazer sem apego ao resultado. A verdadeira compaixão faz o que é preciso ser feito porque é a única coisa a ser feita – apenas porque é natural e comum, como ajeitar seu travesseiro no meio da noite. Às vezes o resultado pode parecer um final feliz. E frequentemente somos confrontados com o chamado fracasso. E é assim.

Há uma famosa história zen sobre compaixão, que consiste num diálogo entre dois irmãos, Tao Wu e Yun Yen. Ela diz assim:

> Yun Yen perguntou a Tao Wu: "Para que o Bodisatva da Grande Compaixão usa suas incontáveis mãos e olhos?"
>
> Wu disse: "É como alguém se virando para trás, apalpando para alcançar seu travesseiro no meio da noite."
>
> Yen disse: "Eu compreendo."
>
> Wu disse: "Como você o compreende?"
>
> Yen disse: "Por todo o corpo há mãos e olhos."
>
> Wu disse: "Você falou quase tudo aqui, mas disse apenas oitenta por cento."
>
> Yen disse: "O que você diz, irmão mais velho?"
>
> Wu disse: "Todo o corpo é mãos e olhos."[9]

---

9 *The Blue Cliff Record*. Trad. Thomas Cleary e J. C. Cleary. Boston: Shambala Publications, 1977. p. 489.

Esta conversa parece um tanto misteriosa, até que nós pensemos sobre o que um "bodisatva" realmente é – um arquétipo budista de compaixão e destemor, um ser desperto que fez o voto de voltar, vida após vida, com o intuito de salvar os outros do sofrimento. Bodisatvas poderiam deixar nosso mundo de dor e sofrimento para trás para sempre, mas eles deliberadamente escolhem renascer na terrível e bela selva da vida para praticar a compaixão.

Bodisatvas terrenos são aqueles homens e mulheres, aquelas marionetes e homens de ferro que têm dedicado suas vidas a despertar essas qualidades – sejam cuidadores ou os que recebem cuidados. Na metáfora que Yun Yen usa, eles estão cobertos com olhos que veem as necessidades dos outros e mãos que lhes vão em socorro.

Então essa troca entre os dois irmãos nos ensina que a verdadeira compaixão, com sua miríade de mãos e olhos, é em cada pedacinho tão natural e ordinária como puxar um travesseiro em direção à sua cabeça na escuridão da noite. Então Tao Wu vai adiante: ele observa que a compaixão é como o sangue em nossos corpos, como os nervos correndo por nossos dedos – é nosso ser inteiro. Em total compaixão, Tao Wu sugere que, através de todo o corpo, nós sentimos e oferecemos o destemor.

Minha amiga Susanna, antropóloga, morou com os índios huichol no noroeste do México, quando era jovem. Um dia ela conheceu uma grande família huichol, enquanto eles visitavam a remota aldeia na montanha onde ela vivia. A mãe segurava um bebê em seus braços, uma criança que parecia doente e negligenciada. Quando Susanna perguntou o que estava errado com o bebê, a mãe disse que a pequena menina estava morrendo. Horrorizada, Susanna queria saber por que eles não estavam fazendo nada; mas a mãe simplesmente repetiu que o bebê iria morrer.

N. do T.: Esta história é citada no capítulo 33 do *Shobogenzo*: Kannon, Avalokitesvara (Master Dogen's Shobogenzo – Book 2. Trad. de Gudo Wafu Nishijima e Chodo Cross. Londres: Windbell Publications, p. 211–219.

Perplexa pelo que estava acontecendo, ela perguntou à família se eles a deixariam tomar conta da criança. Pegou a pequena menina, deu banho nela, enrolou-a confortavelmente em um espesso cobertor, se aninhou ao redor dela e adormeceu. Quando ela acordou de manhã, o bebê estava morto. Os pais lembraram-lhe que já lhe haviam dito que o bebê iria morrer. Quando me contou esse incidente, 20 anos depois, ela disse de maneira bem simples que ainda assim não faria nada diferente.

A morte é inescapável. Todos os seres, você e eu, estão indo diretamente para sua boca. Que tipo de otimismo pode nascer de tal crua verdade? "Aprender a cooperar com o inevitável", Jonas Salk uma vez me aconselhou. Na brilhante luz do inevitável, como nós sustentamos a capacidade de flutuar, o otimismo e o coração para ajudar os outros?

Simples, mas não necessariamente fácil: abandonamos nossas ideias fixas sobre resultados. Se existe mesmo um desejo por um certo tipo de resultado, então nós não estamos cientes do que está de fato acontecendo. O otimismo radical não está investindo no futuro, mas no momento presente, sem esquema. Somente um otimista radical pode suportar testemunhar. Quando eu me sento no corredor da morte, diante do homem que estuprou e matou uma menina de onze anos, seus olhos encaram os meus através da portinhola de comida na estreita porta da cela; qualquer pensamento de "salvar sua alma" destruiria a verdade daquele momento. Vejo ideias do que eu desejo para ele surgirem, e as deixo ir com uma respiração. Quando toco a mão de uma velha mulher, enquanto a respiração se esvai de seu corpo, querer fazê-la morrer mais facilmente só seria um obstáculo ao meu estar ali com ela. Podemos segurar tais momentos sem um senso de tragédia, frustração ou medo? Eu, por exemplo, não acho isso fácil – tenho uma intolerância básica ao sofrimento. Mas dou--lhe minha máxima atenção, enquanto me mantenho tão aberta quanto possível.

Anos atrás um aluno meu contraiu câncer nos rins enquanto ainda era jovem. Um dia, quando eu o estava visitando, ele reclamou de sua vida inútil no passado. Somente agora ele estava tendo um gostinho do que pensava ser realmente importante para ele, uma vida que não era centrada em fazer acordos e ganhar dinheiro, mas que pudesse ser de ajuda aos outros, uma vida onde o sofrimento estava ensinando-lhe humildade e bondade, uma vida que era sem esperança, no melhor sentido da palavra. Apesar da dor após a cirurgia e com um prognóstico indeterminado, ele estava bem-disposto e sentia um otimismo fora do comum.

De fato o câncer de meu amigo entrou em remissão. Durante este período, ele era grato além das palavras por aquilo ter acontecido a ele. Estava livre do câncer e seu entusiasmo pela vida e seu amor pelos outros eram como um lago fresco após a chuva. Valorizava especialmente o *insight* de que podia agora viver um tipo de vida diferente, se quisesse. Ao mesmo tempo, também expressou a preocupação de que pudesse se esquecer e cair de novo em seus velhos tempos.

Robert Aitken Roshi uma vez disse que não estava tão interessado no dia em que você atinge a iluminação – estava interessado no dia seguinte! Como meu amigo temia, após um ano ter-se passado, ele esqueceu o compromisso com a vida interior e suas antigas prioridades tomaram conta dele novamente. Seguiu com sua vida cotidiana, raramente dando importância ao fato de que se havia recuperado recentemente de um câncer. Voltou a fazer negócios e vimos muito pouco um ao outro. Quando nos encontramos, ele falou basicamente sobre dinheiro e mulheres.

Muitos anos depois, quando nos encontramos de novo, ligeiramente mais sábio a respeito de sua desgraça, perguntou-se em voz alta o que havia acontecido. Viu que o hábito do materialismo era tão forte nele que nem mesmo a ameaça de morrer de câncer havia sido suficiente para mantê-lo no caminho por muito tempo.

Sentiu que estava vivendo uma mentira e negando o dom do *insight* que lhe havia sido concedido como resultado de sua doença. Ele se sentiu profundamente insatisfeito.

Outro ano se passou e meu amigo sentia crescentemente que sua vida era sem sentido. Ele se encontrou em outra catástrofe, mas esta era psicológica: estava sofrendo de depressão severa. Estava zangado consigo mesmo e com o mundo e indefeso em face dos seus hábitos mentais. Quando me sentei com ele, ouvindo-o despejar sua infelicidade e fracasso em encontrar qualquer coisa que valesse a pena em sua vida, tentei deixar de lado minhas expectativas de um bom resultado para meu jovem amigo. Minha única tarefa era testemunhar seu sofrimento e, ao mesmo tempo, ver seu bom coração batendo regularmente sob toda sua desgraça.

Um dia ele me disse: "Você parece ver algo que eu não vejo." Perguntei-lhe o que pensava que eu via. Ele fez uma pausa e então respondeu: "Eu acho que você vê quem eu realmente sou." Perguntei o que era aquilo e ele disse: "Eu não sei, mas quando você vê eu posso senti-lo." Naquele momento nós dois relaxamos e sorrimos juntos pela primeira vez em cinco anos. Embora tenha perdido a visão dos dons que o sofrimento lhe havia trazido, ele ganhou de volta sua visão. Eu me senti feliz de ter testemunhado tanto o seu sofrimento quanto sua verdadeira natureza, de modo que ele também pôde vislumbrar sua própria bondade fundamental.

O professor tibetano Chogyam Trungpa Rinpoche sempre falou sobre o "materialismo espiritual", que significa o nosso desejo de "ganhar" a iluminação e mesmo nossas aparentemente nobres aspirações de ajudar os outros. Aspirar despertar ou beneficiar os outros pode ser útil – sempre ajuda com nossas prioridades, assim como ter o objetivo de uma morte sã e consciente pode nos ajudar a apreciar e saborear este momento presente. Mas, se a prática se torna um meio para um "final maior", então ela se torna um investimento – e nós começamos a esperar por um lucro. Como podemos estar presentes em um momento particular, se estamos esperando algo? Como podemos morrer livremente, se estamos restringidos pela expectativa de uma chamada "boa morte"? E como podemos realmente servir aos outros, se estamos apegados ao nosso resultado altruísta particular? Quando começamos a praticar, e por um bom tempo depois, o altruísmo pode conferir à nossa prática corpo e profundidade. O compromisso engendrado pela bondade nos ajuda a permanecer firmes, quando a prática se torna difícil. Então o voto do bodisatva pode ser uma estratégia hábil no começo, ajudando-nos a nos afastar de nosso autocentrismo. Praticando para o bem-estar dos outros, damos um passo para longe do nosso eu pequeno e localizado e nos movemos em direção à realização de nossa interconexão sem fronteiras.

Mas, no fim das contas, o otimismo radical percebe que não há eu nem outro – ninguém ajudando, ninguém sendo ajudado. O otimismo radical se torna uma marionete de madeira respondendo ao mundo, seus membros puxados por cordas conectadas ao sofrimento do mundo. Com tempo e experiência, podemos desenvolver um meio de trabalhar com o sofrimento enraizado numa crua e honesta auto-observação, e uma visão da realidade que atualiza nossa consciência, equanimidade e compaixão em perfeita responsividade ao mundo.

Uma pessoa praticando dessa maneira tenta não excluir nada de seu coração. Isto frequentemente requer esforço. Pode exigir esforço lamentar profundamente ou sentar por horas sem fazer nada à cabeceira de uma criança morrendo ou de um cônjuge morrendo de Alzheimer. Pode exigir esforço ajudar os outros e não esperar algo em troca. Pode exigir esforço voltar nossa mente para a prática. E geralmente requer esforço trazer energia e compromisso a tudo que fazemos. Esforço no seu próprio cerne quer dizer abrir mão do medo. É a coragem e energia para permanecer despido até os ossos e ficar cara a cara com o que é. É também manifestar a totalidade em meio ao nó apertado do sofrimento.

Esforço confere à nossa prática profundidade, caráter, força e resiliência. Podemos aguentar firmes quando a situação é desesperadora? Podemos voltar de novo e de novo à nossa intenção, fazendo esse trabalho? Podemos ser disciplinados sobre o autocuidado, quando o mundo à nossa volta parece estar gritando por atenção? Podemos nos entregar completamente de coração em meio a um mundo sem coração?

Alguns anos atrás, cruzando o Himalaia, eu me dei conta de que nunca deveria atravessar aquelas montanhas, a menos que abrisse mão de tudo que fosse extra. Isso significava que eu tinha que tornar minha mente mais leve, assim como minha sobrecarregada bagagem diária. Tudo foi reduzido a uma simples frase: "Nada extra!". Assim como estas duas pernas me carregaram através das montanhas, essas mesmas palavras me carregam através dos dias complicados. Elas sempre me lembram de desapegar, também me lembram da ausência de peso e tranquilidade de um coração integral e dedicado.

Assim como a alma no Purgatório de Dante, nós carregamos o fardo de viver e morrer não apenas para sofrer, mas para aprender a suportar cargas de forma leve. As pedras da sabedoria silenciosa e escondida se tornam nossas professoras e companheiras através do caminho. Elas nos desaceleram, nos aterram e nos ensinam sobre o peso e a leveza de ser. Elas nos pedem para parar e abaixar, tocar a terra e levantar aquilo que parece impossível de suportar. Finalmente, tornando nossas costas fortes, abrimos os olhos e descobrimos que pedras também são belas.

Quando o mestre zen Suzuki Roshi estava morrendo, um de seus alunos foi se despedir. De pé, ao lado de sua cama, o aluno perguntou ao amado professor: "Onde nós vamos nos encontrar?" O velho homem à morte fez uma pequena reverência de sua cama e então o gesto de um círculo com sua mão. Acho que ele estava dizendo ao seu aluno que eles estavam se encontrando ali e então, tanto em forma quanto em vacuidade. Passado e futuro estavam contidos naquele momento, e ao mesmo tempo o passado e o futuro não existiam – e não havia lugar para se encontrar que pudesse ser maior que a abertura e a intimidade daquele exato momento.

O otimista radical segue esse caminho íntimo, o caminho da impermanência através do grande oceano da mudança. Acompanha as marés da transição, sem opor resistência. Verdadeiro bodisatva, surfa nas ondas de nascimento e morte, sem nenhum destino na mente enquanto segue viagem, sem nenhuma outra margem para onde se dirigir. Tendo realizado a aceitação incondicional e deixado de lado suas expectativas, ele costeia na crista das ondas mais selvagens sem esforço e com total envolvimento. A escolha desapareceu de seu mundo. Está completamente vivo e oferece o destemor.

MEDITAÇÃO
Contemplando nossas prioridades

A meditação a seguir é um modo de explorar nossas prioridades, dado que a morte pode chegar a qualquer momento. Faça esta prática com espírito de autenticidade, conforme você entra em contato com sua própria impermanência de modo muito pessoal. E não hesite em fazê-la repetidamente; nós podemos precisar relembrar a nós mesmos de nossas prioridades à luz do fato de que não sabemos quando nosso momento de morrer virá.

Por favor, olhe para sua vida e suas prioridades: O que é realmente importante para você fazer agora? O que você deseja completar ou deixar ir exatamente agora? Ofereça sua vida a realizar estas prioridades.

Lembre-se de que todos nós vamos morrer. A cada noite vamos para a cama convencidos de que iremos acordar pela manhã.

Fazemos planos para os próximos dias, semanas, anos e mesmo para nossa velhice. Muitos de nós vamos para a cama com essa mesma sensação. Ainda assim, muitas pessoas não acordam pela manhã. A morte as levou.

Agora temos a oportunidade de realmente listar nossas prioridades. Deixe a postura se aquietar. Respire profundamente no corpo.

Imagine que você é uma pessoa idosa no seu leito de morte. Provavelmente você tem mais rugas no seu rosto, mais rigidez nos seus membros. Imagine seu rosto o mais realisticamente possível. Imagine que sua respiração é superficial; seu corpo está cansado e frágil. Pergunte a si mesmo: Que objetivos você gostaria de ter alcançado neste estágio da sua vida? O que foi mais importante para você na sustentação de sua vida diária – seu trabalho, seus relacionamentos, sua criatividade, seu espírito? Que coisas estão ao seu redor e onde você está? Quem está com você? Como você quer que seja sua vida quando você for uma pessoa idosa?

Agora pergunte a si mesmo: O que você pode fazer hoje, para que possa se sentir preenchido no fim de sua vida? O que você precisa deixar ir agora, para criar uma vida cheia de sentido? Do que você precisa cuidar agora, para que a velhice possa ser um pouco mais fácil e libertadora?

Imagine que você é dez anos mais velho do que é agora e está deitado em seu leito de morte. Quantos anos você tem? Quem está ao lado de seu leito? O que você deseja ter realizado e alcançado a essa altura? Quais são seus objetivos internos e externos? O que você deve fazer hoje para atingir esses objetivos? O que você deve deixar ir? O que está desperdiçando seu tempo? O que é importante para você fazer agora? O que impede você de realizar o que realmente deseja para sua vida e as vidas daqueles que você ama? O que você pode fazer hoje para dar condições a uma boa morte?

Imagine que você é cinco anos mais velho do que é agora e está encarando sua morte. Imagine que você está pacificamente em sua cama e tem apenas mais alguns momentos para viver. O que você gostaria de ter realizado? Que estado de mente vai dar suporte a você numa morte pacífica? O que você pode fazer agora para ajudar-se a fortalecer sua mente e coração, visando trazer essa força para quando estiver morrendo?

Agora imagine que você irá morrer em um ano. Você provavelmente não vai parecer muito diferente do modo como está agora. Você está deitado tranquilamente em sua cama e está preparado para morrer. O que você pode fazer neste momento para dar suporte à sua morte tranquila? O que deu sentido à sua vida? O que você faria diferente agora, com o pensamento de que você irá perder sua vida em um ano? O que você pode fazer amanhã para realizar a melhor morte possível?

Imagine que você irá morrer em um mês. O que você mudaria em sua vida diária? O que você precisa fazer para não deixar muitos problemas para trás? O que você precisa abandonar, que hábitos você precisa quebrar, para morrer tranquilamente? Que relacionamentos precisam ser visados? A quem você precisa pedir perdão? A quem você precisa perdoar? O que você deseja nutrir em si mesmo neste momento? O que você pode fazer amanhã para dar suporte a uma morte tranquila?

Agora imagine que você irá morrer semana que vem. Quem você quer ao seu redor para compartilhar esses últimos momentos de sua vida? Com quem você quer falar sobre como você quer morrer e o que deveria acontecer ao seu corpo? A quem você quer expressar seu profundo amor e gratidão nessa semana?

Você vai para a cama esta noite. Nada de mais. Quando começa a cair no sono, você se dá conta de que vai morrer. O que é a coisa mais importante que você pode fazer hoje à luz dessa possibilidade? Qual foi o maior presente que você recebeu nesta vida? Com quem você quer compartilhar o seu amor pela última vez?

Agora pegue esse amor e gratidão e volte para sua respiração. Recolha essa prática no coração e na mente e experimente sua essência. No seu coração, compartilhe essa prática com todos os seres e deseje que todos os seres transformem seu medo da morte e da impermanência de modo que possamos usar nossas vidas criativamente para promover estabilidade e beleza e para que ela realmente seja benéfica para os outros.

5

EM CASA NO INFINITO
Habitando as Moradas Ilimitadas

No tempo do Buda, viveu um monge chamado Tissa. Todas as manhãs ele andava até o vilarejo e aceitava qualquer comida que as pessoas lhe ofertassem. Depois de cumprir suas tarefas, sentava silenciosamente em meditação e à noite recitava preces e estudava. Um dia Tissa se sentiu mal. Seu corpo todo entrou em erupção, em terríveis pústulas. Essas pústulas gradualmente se tornaram maiores e maiores e finalmente explodiram. Mas Tissa não ficou curado. Ao invés disso, chagas abertas cobriram seu corpo todo e o mau cheiro da infecção preencheu seu pequeno aposento.

Nessa época, aconteceu de Buda visitar o monastério. Ele ouvira que Tissa havia sido abandonado por seus companheiros monges, que sentiam repulsa com a visão e o cheiro de seu corpo enfermo. Quando Buda foi à cabana de Tissa ele abriu a porta e o viu deitado na sujeira, seu manto fétido colado às feridas purulentas.

Buda virou-se para seu primo e assistente, Ananda, e disse: "Por favor, ferva um pouco de água e prepare um banho de ervas."

Quando a água ficou pronta, Buda gentilmente lavou as chagas gotejantes do corpo de Tissa, enquanto Ananda lavava e secava suas vestes sujas.

"Vamos deitá-lo numa cama limpa", disse Buda; então Ananda e Buda levantaram Tissa e o moveram. Então Buda segurou-lhe a cabeça e deu-lhe água fresca para beber. Tissa abriu os olhos e viu Buda. "Se você não tivesse me ajudado, eu teria morrido", disse o monge doente. Buda então passou algum tempo com Tissa, ensinando-o. Pouco depois deste cuidadoso tratamento, Tissa morreu, livre em mente e corpo.

Quando os monges viram que Buda havia cuidado tão ternamente de Tissa, baixaram as cabeças, envergonhados. Lágrimas caíram como chuva de seus olhos. "Tissa era nosso amigo. Nós deveríamos tê-lo ajudado", eles disseram. "Afinal de contas, nós somos monges."

Buda não os julgou, mas lembrou-lhes: "Monges, seus pais e mães não estão aqui para cuidar de vocês. Se vocês não ajudarem uns aos outros, quem irá ajudá-los? Cuidar uns dos outros é o mesmo que cuidar de mim." Mais tarde Buda disse a seus seguidores para ajudar os doentes com bondade amorosa, compaixão, alegria e equanimidade ilimitadas – o que no budismo nós chamamos de As Quatro Moradas Ilimitadas.

Muitos de nós, no início, somos como os monges amedrontados, sentindo aversão e desgosto na presença da dor e do sofrimento. Nós não queremos tocar ou cuidar de nosso ente amado que está doente – é uma lembrança muito forte de nossa própria fragilidade e mortalidade e a perda antecipada de nosso ente amado. Mas nosso despertar pode começar a acontecer quando finalmente passamos através do nó apertado do sofrimento para o mundo de sofrimento ao nosso redor. Eventualmente, a compaixão em ação produz o fruto dourado da verdadeira liberação.

Manter a história do "eu" é exaustivo. Defender o "eu", promover o "eu", acumular mérito para o "eu" pode desgastá-lo. Por outro lado, a compaixão altruísta pode ser energizante. Nós sentimos o mundo através dele mesmo, além dos limites da nossa linha histórica pessoal. Deixamos nossa experiência acontecer, não mais tentando agarrar o que gostamos ou nos defender do que temermos. É preciso um grande coração para dar conta de tanto sofrimento. Sharon Salzberg, que desenvolveu muitas das práticas das Moradas Infinitas, diz que é preciso um coração tão vasto quanto o mundo.

Elas são chamadas "moradas" porque cada uma delas é nosso lar, o tesouro incondicional sempre disponível para nós, quer você esteja doente ou morrendo, ou cuidando daqueles que lamentam ou enfrentam a morte. Gerá-las é a mais alta forma de autocuidado. Praticando as Quatro Moradas Ilimitadas, discutidas uma de cada vez abaixo, nós nos damos conta de que elas são inerentes à nossa natureza básica. Mas, ao cultivá-las deliberadamente em nossas atividades, podemos fortalecer sua presença dentro de nós. Conforme a presença se torna mais forte, assim se torna sua qualidade ilimitada.

A primeira morada ilimitada, bondade amorosa, nos permite transformar nosso senso de separação e alienação em amor. É de grande ajuda ver que somos parte de um todo maior e uma prática contemplativa como a bondade amorosa pode nos lembrar de que somos parte de um *continuum*. Somos mais que nossos corpos, mais que nossos pensamentos, mais que nossos sentimentos. Cada vez que nos identificamos com algum ponto fixo no espaço ou no tempo, fechamos nossos corações para a vastidão do nosso ser. Cada vez que estreitamos nossa visão do que realmente somos, perdemos contato com o amor e estreitamos os laços com o medo.

Quando agonizava, meu pai não parecia sentir medo. Ele havia incluído velhice, doença e morte em sua vida, mesmo ao se despedir dela. Ele guardava a memória de minha mãe junto com a presença de sua nova esposa; seus filhos, netos e bisnetos junto com enfermeiros, médicos e ajudantes; e seu desconforto lado a lado com seu senso de humor. Nada era deixado de fora. Ao doar sua vida, sua sabedoria e bondade cresciam ainda mais. Ele abriu mão de opiniões, conceitos e ideias. Abriu mão de todos nós. Sua verdadeira natureza brilhou através de seu corpo que se dissolvia em amor ilimitado, completamente livre de apego, por todos ao seu redor.

Bondade amorosa é supremamente relacional: ela funciona apenas se é oferecida, doada ou compartilhada. Nós não podemos contabilizar o amor; ele cresce à medida que o doamos. Quanto mais doamos, maior a nossa capacidade para o amor. É assim que a bondade amorosa se torna ilimitada.

Anos atrás participei de um pequeno encontro com Sua Santidade, o Dalai Lama. Muitas semanas antes, fui submetida a uma cirurgia ocular e meus olhos foram tratados com radioterapia. Infelizmente o radiologista não fracionou a dose de radiação o suficiente e meus olhos foram severamente queimados. Fui forçada a usar curativos por vários meses, enquanto meus olhos feridos ficavam curados.

Como eu estava virtualmente cega, considerei não participar do encontro, mas decidi que estava me sentindo bem o bastante para participar minimamente. Sua Santidade foi muito gentil comigo durante o encontro e, depois que terminou, perguntou se poderíamos passar algum tempo juntos. Eu sabia que ele estava ocupado, tão ocupado que não havia dado nenhuma audiência particular a ninguém durante suas seis semanas nos Estados Unidos, e quase recusei seu convite porque não queria incomodá-lo. Na verdade, eu não me sentia merecedora de sua atenção, mas seu assistente telefonou e insistiu que eu fosse.

Quando cheguei à casa onde Sua Santidade estava hospedado, ele jogou seus braços ao meu redor num grande abraço. Então me levou a uma cadeira e perguntou o que havia acontecido. Após ter contado brevemente a história, ele disse que esperava que eu não tivesse sofrido muito e que estava feliz porque minha mente estava clara e forte, apesar de meus olhos terem sido feridos. Foi gentil sem sentir pena, amoroso sem carência. E então colocou suas mãos sobre os curativos e rezou.

No momento em que Sua Santidade tocou os curativos, meu medo desapareceu e fiquei verdadeiramente feliz. Eu havia sido tocada pela essência da bondade amorosa e da compaixão. Isto me fez lembrar de algo que ele havia dito em uma de suas palestras: "Minha religião é a bondade."

A segunda morada ilimitada é a compaixão. Desenvolver a compaixão é estar aberto ao sofrimento. Esse é um processo gradual; através da atenção plena lentamente começamos a ver o sofrimento em nós mesmos e a nos tornar conscientes de que todos sofrem de um modo ou de outro.

A compaixão casada com a força sustenta nosso trabalho com doença, perda e todas as formas de sofrimento encontradas na experiência de morrer. Compaixão não é um estado idealizado, é a profunda percepção de que não somos separados uns dos outros e ela requer a habilidade de sentir o sofrimento do outro. Assim como a bondade amorosa, ela é fundamentalmente interativa e em última análise não tem sujeito nem objeto. Bondade amorosa e compaixão são o perfume da interconexão, a fragrância da não dualidade.

Encontrei grande compaixão em pessoas que estavam morrendo. Enquanto Issan Dorsey agonizava, ele sentia profundamente o sofrimento dos outros. Ele sempre havia sido uma pessoa muito aberta e experimental, mas seu processo de morte abriu-o para um grau ainda maior, permitindo-lhe praticar compaixão com uma humildade imaculada.

A terceira morada ilimitada é a empática ou nobre alegria. A alegria empática tem três aspectos: alegria pela boa sorte dos outros, alegria pela virtude dos outros e alegria altruísta, que é gerar alegria para beneficiar os outros.

A primeira é aquela alegria que sentimos quando nos damos conta de que alguém está numa situação favorável, que ela está livre de medo, que ele deixou para trás sua história e finalmente está relaxado e à vontade. É o tipo de alegria que um cuidador sente quando ouve que um querido membro da família, que vive longe, pode visitar seu paciente que está morrendo, ou quando sua doença espontaneamente regrediu. Esta é a alegria que preenche o coração quando boas coisas acontecem ao outro.

Então há a alegria que uma pessoa experimenta por estar na presença da virtude amorosa do outro. Eu senti e compartilhei isto quando uma vez visitei a filha de um amigo que estava morrendo de câncer. Entrei em seu quarto e um sorriso surgiu naquele extraordinário rosto de criança que me capturou em sua luz. Eu não podia ajudar, mas podia brilhar de volta para ela. Ela era pura alegria e naquele momento eu também era. Talvez isso seja alegria empática mútua, pois sua beleza e coragem verdadeiramente me tocaram e ativaram minha alegria intrínseca. Esta é a alegria que alguém sente quando está na presença de um grande professor, uma mãe ou pai cuidadoso, um amigo querido ou uma pessoa maravilhosa. O bom coração deles ativa o nosso bom coração.

A terceira forma de alegria empática é a geração de alegria para beneficiar os outros. Um dia entrei no quarto de hospital de um homem que mal havia sobrevivido a hipotermia e queimadura de frio. Apesar de estar reagindo adequadamente após sua provação, ele estava deprimido e irritado. Ao invés de me identificar com sua desgraça ou consolá-lo, eu me vi olhando através de seu sofrimento e indo para um lugar onde ele estava livre do sofrimento. Eu me reuni à sua infelicidade com alegria afetuosa e, dentro de alguns minutos, vi que ele havia sido "infectado" pelo meu estado mental. Ele começou a se abrir e sorrir para sua infelicidade; então passou a relaxar e apreciar o cuidado que estava recebendo. A alegria altruísta pode absorver e transformar a energia da depressão, autopiedade, inveja, competitividade, ressentimento e raiva. É uma expressão de compaixão em ação naturalmente livre de narcisismo e pensamentos sobre si mesmo.

Às vezes, criar alegria pode ser difícil quando alguma coisa boa acontece a outra pessoa, ou quando encontramos uma pessoa de grande integridade, ou mesmo quando percebemos que pode ser de grande ajuda gerar alegria para beneficiar o outro. Nós simplesmente parecemos não ter energia suficiente ou vontade para despertar alegria. Julgamento e inveja, comparações e insegurança: estas coisas estreitam o nosso mundo e tornam as alegrias empática e altruísta difíceis de experimentar. Quando uma cuidadora está esgotada até os ossos, ela pode sentir que não tem os recursos para oferecer nada além de negatividade ou monotonia.

Podemos aprender e praticar oferecer alegria para os outros, mesmo que haja um toque de fingimento no começo. Anos atrás, Sharon Salzberg me assegurou que era OK fazer estas práticas, mesmo que estejamos com raiva ou deprimidos. Em recentes pesquisas da neurociência, aprendemos que estas são áreas do cérebro que podem ser intencionalmente cultivadas. Como um violinista cujo talento para tocar aumenta com a prática, nós também podemos aumentar nossa alegria com a prática.

Para alguém que duvida que pode oferecer alegria a uma pessoa que está morrendo, eu digo: "Por que não?! Tente assim mesmo. Veja o que acontece em seu próprio coração quando você guia seu comportamento de acordo com sua intenção." No fim, é muito menos fatigante oferecer alegria aos outros do que tristeza.

Então nós podemos praticar a alegria empática. Quando se sentar com uma pessoa que está morrendo, tire algum tempo para apreciar os presentes mais simples da vida, e veja se uma menção de alegria pode ser engendrada e compartilhada no momento presente: a luz de um fim de tarde de outono que inunda o quarto, o som e o cheiro da chuva no calor do verão, as notas de um concerto de piano flutuando para dentro, vindas da casa de um vizinho próximo. Também olhe profundamente para a vida da pessoa e reconheça todo o bem que há ali e marque isso; isso é sentir alegria por suas virtudes. Muito frequentemente nós apenas sentimos medo, sofrimento, neurose, um verdadeiro manual de desgraça diante de nós. Veja mais profundamente e encontre o bom coração dessa pessoa e deixe-o encontrar-se com o seu.

A quarta morada ilimitada é a equanimidade. Alguns ensinamentos até mesmo dizem que as outras três qualidades ilimitadas originam-se todas da equanimidade. A estabilidade equânime da mente nos permite estar presente com um coração aberto não importa o quão maravilhosas ou difíceis sejam as condições.

Num momento seu irmão está vivo, no outro ele está morto por ter sofrido um acidente de carro. Numa manhã você sente um caroço no seu seio e sua vida muda de um jeito que você nunca poderia ter imaginado. Numa tarde o médico diz que você tem um câncer inoperável e três meses de vida. Em um ano, livre do câncer, você tem que colocar a vida nos eixos de novo. Um dia seu marido não consegue achar o caminho de volta para casa. A mente está se desfazendo silenciosamente com a demência e você e ele se encontram num território desconhecido e inexplorado.

Um estudante do mestre zen Jay DuPont Roshi escreveu um longo *e-mail* para um grande círculo de amigos, depois que seu mestre morreu, contando a história do encontro de seu professor com o câncer. DuPont Roshi foi diagnosticado com melanoma em seu braço esquerdo. Quando o médico lhe disse que era maligno, sua resposta foi rir. Ele disse que sempre havia imaginado como morreria; quando finalmente descobriu como aconteceria, ele disse que foi um alívio!

DuPont Roshi então decidiu deixar a natureza tomar seu curso e simplesmente observar o que estava acontecendo. O câncer cresceu, seu braço inchou, e o roshi, que era canhoto, estava com muita dor. O médico lhe disse que em breve, quando o tumor alcançasse determinado tamanho, a dor poderia se tornar insuportável.

Justo quando o progresso do tumor parecia inevitável, ele repentinamente desapareceu por completo. O sinal inicial permaneceu, assim como uma descoloração amarronzada, que, ele disse, é a marca de quem teve melanoma. Quando perguntado por que ele achava que o tumor havia ido embora, o roshi respondeu: "É minha experiência que nada pode suportar esse tipo de escrutínio."

Que tipo de mente e coração podem permanecer tão fortes e abertos no meio de todo esse caos? Podemos viver o luto plenamente sem nos agarrarmos ao nosso luto, sentir a dor do pós--operatório sem nos agarrarmos na dor? Podemos experimentar alívio e alegria sem nos tornarmos apegados a um ou ao outro? Podemos estar com o incognoscível e nos abrirmos para a confiança ao mesmo tempo?

Alguns anos atrás atendi uma aluna idosa, que havia sofrido um massivo ataque cardíaco e tinha sido levada para a emergência perto de nosso centro zen. Enganchada nas medicações intravenosas, na correria para conseguir um espaço privado na emergência, ela se aquietou em um estado silencioso, aberto e sem medo. Ela havia sido uma criança em Berlim, durante a Segunda Guerra Mundial, e fez o voto de encarar a morte abertamente e com dignidade. Aqueles de nós que se sentaram com ela na emergência puderam ver seus votos sendo atualizados conforme a verdade de sua situação ia por água abaixo.

Conforme os dias passavam antes de sua cirurgia cardíaca, ela manteve esse senso de presente ilimitado como se fosse uma prática ou um voto. Todos que passaram algum tempo com ela, desde a ambulância até o cirurgião, observaram sua equanimidade e presença. Ela havia enfrentado a morte quando era criança; agora, como uma mulher idosa, seu voto pessoal de encarar a verdade com dignidade e força tinha sido plenamente realizado no decorrer de sua crise e recuperação da cirurgia.

Alguns anos depois, minha amada aluna foi diagnosticada com um câncer de crescimento rápido. Ela morreu seis dias depois de receber o diagnóstico final, e novamente sua presença silenciosa e aceitação deixaram perplexos aqueles que cuidaram dela. Quando lhe foi dito que nada mais poderia ser feito para ajudá-la, ela simplesmente mergulhou abaixo da linha do horizonte e deixou-se ir na profunda fenda da paz. Ela foi silenciosa, graciosamente, sua equanimidade sustentando-a em uma boa estabilidade.

Plantar as sementes da bondade, do amor, da compaixão e da alegria nos ajuda a surfar nas ondas da mudança sem nos afogar.

Equanimidade aterrada no deixar ir é a capacidade de estar em contato com o sofrimento e, ao mesmo tempo, não ser varrido por ele. Equanimidade pode ser pensada como o estado de ser não parcial – não imparcial, mas não parcial. Nós seguramos todos os seres com o mesmo coração, aceitando igualmente o sofrimento e a alegria. Algumas pessoas sentem que a equanimidade deve excluir o cuidado. Este não é o caso. Ao invés disso, amamos todos os seres igualmente, serenos e firmes, enquanto surfamos nas ondas da mudança.

A verdade de minha experiência é que o suave equilíbrio da equanimidade pode ser facilmente perdido. Uma profunda qualidade de mente, nutrida a partir da composição de nossas muitas falhas, a equanimidade nos dá costas fortes que suportam nosso suave coração. É uma joia que brilha com compaixão radiante, dando-nos um frescor pacífico.

Esse frescor e paz brotam de uma mente estável, uma mente que não é capturada nos fogos da excitação, do ódio, da ganância ou da confusão. Com a equanimidade como nossa estrela-guia, uma alquimia de gratidão e bem-estar abre-se em nossas vidas, enraizada na nossa prática de atenção plena. Nossa concentração e atenção são mais estáveis e afiadas e nossa habilidade de ver a natureza da verdade, da vida e da morte são aprofundadas.

Esta tradicional meditação da equanimidade nos lembra da verdade da natureza da impermanência e de causa e efeito: "Todos os seres são os donos de seu carma. Sua felicidade e infelicidade dependem de suas ações, não do que eu desejo para eles." Isto pode soar um pouco duro, um pouco cruel, mas é verdade. Uma expressão da equanimidade é a compaixão implacável. Outro meio de atualizar a equanimidade é cultivar a capacidade de amar todos os seres igualmente. Uma terceira dimensão é cultivar a capacidade de nos sustentar em meio à "completa catástrofe".

Viver no lar do infinito – dando nutrição às capacidades de bondade amorosa, compaixão, alegria altruística e equanimidade

– ajuda-nos a experimentar estar com quem está morrendo como um meio prático de transformar sofrimento em liberdade.

O filósofo Spinoza lembra que todas as coisas nobres são tão difíceis quanto raras. Quando nos sentarmos com pessoas que estão morrendo, quando nós mesmos estivermos morrendo, por favor, não esqueçamos da visão da liberdade a partir do medo e do sofrimento. O caminho para a realização dessa visão é a nobre jornada que nos dá força e caráter, precisamente porque há tantos obstáculos. Vamos usá-los todos.

MEDITAÇÃO
Moradas Ilimitadas para o viver e o morrer

Juntando a força da equanimidade e a suavidade da compaixão, a coragem da presença e a abertura de se render, as práticas seguintes foram criadas pela professora Sharon Salzberg, por mim e por aqueles que participam do programa profissional de treinamento para o cuidado compassivo de fim de vida do Upaya Zen Center.

O grande presente dessas *brahmaviharas*[10] budistas, ou "moradas ilimitadas", é que elas podem viver no fundo de nossa mente e coração. Quando perdemos o equilíbrio, podemos relembrar uma das frases como um meio de ajudar a nos corrigir, de observar os outros e de encarar o sofrimento, tanto o nosso próprio quanto o dos outros. E podemos oferecer essas frases para aqueles

---

10 *Brahmaviharas*: As quatro *brahmaviharas* são consideradas pelo budismo como sendo as quatro emoções mais elevadas. A palavra *brahma* literalmente quer dizer "mais elevado" ou "'superior". Também é o nome dado ao supremo deus do hinduísmo no tempo do Buda. *Vihara* quer dizer "morar", "viver em" ou "habitar". Portanto, as *brahmaviharas* não são emoções que a pessoa sente ocasionalmente, mas aquelas nas quais a pessoa "vive em" e "vive por" o tempo todo. Estas quatro *brahmaviharas* são bondade amorosa, compaixão, alegria empática e equanimidade. (Fonte: www.dhammawiki.com)

que, em nossas vidas, são assediados pelo sofrimento – essas práticas são valiosas para os que estão morrendo, assim como para os cuidadores. Escolha as frases que são pessoalmente significativas para você; pode alterná-las do jeito que quiser ou criar as suas próprias.

Para começar a prática, encontre uma posição a mais confortável possível, sentado ou deitado. Faça algumas respirações profundas e suaves para deixar que seu corpo se aquiete. Traga sua atenção para sua respiração e silenciosamente diga a frase escolhida no ritmo da respiração. Você pode também experimentar permitir que sua atenção se aquiete na frase sem usar a âncora da respiração. Sinta o significado do que você está dizendo, sem tentar ou forçar nada. Deixe a prática carregá-lo.

Frases que apoiam a bondade amorosa:
- Que a bondade amorosa possa fluir incessantemente.
- Que a bondade amorosa preencha e cure seu corpo.
- Que o poder da bondade amorosa o sustente.

Frases que nutrem a compaixão:
- Que você e todos os seres estejam livres da dor e da tristeza.
- Que você possa tomar conta de si mesmo.
- Que todos os seres estejam livres das causas do sofrimento.

Frases que geram a alegria altruísta:
- Que todos os seres sejam felizes.
- Que a alegria preencha e sustente você.
- Que o seu bem-estar continue.

Frases que promovem a equanimidade:
- Todos devem encarar sua própria situação.
- Sua felicidade ou infelicidade depende das suas ações, não do que eu desejo para você.
- Que você possa aceitar as coisas como elas são.

6

VOCÊ JÁ ESTÁ MORRENDO
Percebendo a impermanência, a abnegação e a liberdade

Quantas pessoas que vão morrer hoje sequer sabem que este será o último dia de suas vidas? Eu penso em amigos que morreram sem completar projetos, sem ter tido a oportunidade de dizer palavras de adeus a um cônjuge ou filho, sem ter perdoado um amigo. Mais uma vez, ainda não acreditamos que isto possa nos acontecer.

Podemos tomar conta de um amigo que está morrendo e cometer o erro natural de pensar em nós mesmos separados da experiência dele. Em nossas mentes podemos nos apartar dele: "Ele está doente, eu sou o cuidador." Mas na realidade estamos unidos pelos laços da impermanência. Talvez seja muito perturbador dizer para si mesmo, eu também estou morrendo. Mas, como visto no capítulo 4, a verdade é que você já está morrendo. Eu também. Estamos todos ligados pela inevitabilidade da perda e da morte, mesmo que pareçamos estar tranquilamente ziguezagueando pela estrada da vida.

Todos tivemos que abrir mão de alguma coisa que amávamos. Sacrificamos planos e sonhos importantes para nós, sentimos luto e perda. Todos já experimentamos a impermanência, que é apenas outra forma de morrer. O que não mudou de um jeito ou de outro? Tudo está mudando o tempo todo. Mesmo o Sol, símbolo de imortalidade, é uma estrela que algum dia se extinguirá.

Se começarmos a nos treinar para observar a natureza mutável de nossas situações cotidianas, podemos estar a caminho da liberação do sofrimento.

Aceitar a impermanência e nossa mortalidade compartilhada requer afrouxar o nó da nossa história: abrir mão dos nossos conceitos, ideias e expectativas sobre como pensamos que o morrer deveria ser. Ela também nos chama para "praticar o morrer" – isto é, abrir mão, se render e doar, no melhor das palavras, a praticar a generosidade. Podemos fazer isto agora; a qualquer momento podemos começar a praticar o morrer. E, se o fizermos, devemos também começar a perceber a interdependência de sofrimento e alegria – que vida e morte não são separadas, mas interligadas como raízes profundas na terra.

Durante um retiro de meditação, um homem que sofria de linfoma decorrente da AIDS experimentou um profundo *insight* da natureza da impermanência. Alguns meses depois, quando a morte se aproximou, ele foi hospitalizado. Os tumores estavam pressionando os nervos e causando uma dor excruciante. Quando o visitei, ele expressou profunda gratidão por ter visto que todas as coisas mudam, pois ele sabia que isso incluiria a experiência de sua dor. Em voz calma, ele me falou que, se pensasse que a dor era permanente, enlouqueceria. Clara e bravamente, determinou que sabia que, no mínimo, a morte o libertaria da dor lancinante que não podia ser amainada com as drogas. Perceber a impermanência, incluindo a verdade de sua mortalidade, deu a ele força para aceitar a dor e abrir mão dos sentimentos de desespero que haviam começado a dominá-lo.

Quando estou sentada com uma pessoa que está morrendo, às vezes escuto as seguintes palavras dentro de mim: "Qualquer que seja o sofrimento por que esta pessoa esteja passando, ele irá mudar." Talvez para melhor, talvez para pior. A mudança é inevitável – isso é impermanência. E, ao mesmo tempo, é necessário estar completamente ali para a sempre esmagadora e crua verdade do sofrimento, momento a momento.

A consciência da impermanência pode servir para aprofundar nosso compromisso de viver uma vida valiosa e significativa. Muitas tradições ensinam a inevitabilidade da morte como o alicerce de todo o caminho espiritual. Platão disse a seus alunos: "Pratiquem morrer." Os monges cristãos da Europa medieval ritualmente sussurravam uns para os outros: "Memento mori" ("Lembre-se da morte"). E um sutra budista nos diz: "De todas as pegadas, a do elefante é a suprema. De todas as meditações, a da morte é a suprema."

A morte, entretanto, não é observada na cultura ocidental contemporânea como uma professora com quem devemos passar um tempo, mas muito mais como uma iminente falência biológica, e mesmo moral, que deve ser negada e evitada. Não temos uma visão coletiva da morte como redentora ou liberadora, mas a vemos como uma inimiga a ser derrotada, ou melhor, uma situação ruim a ser suportada. A possibilidade de realização no momento da morte não é parte da história que nossa cultura está nos contando; então a morte tem muito pouco ou nada a oferecer para a maioria de nós e, sob essas circunstâncias, é sempre justificadamente temida. Quando nos distanciamos da morte desse jeito pouco natural, parece que a única solução para o problema de morrer é evitá-lo a qualquer custo! E custoso é o que sempre é – já que gastamos muitos dólares com cuidados médicos nos últimos seis meses de nossas vidas.

Praticar o morrer na nossa cultura não é sempre visto como seguro ou aconselhável. Mas, se nossa cultura fosse reconhecer que a morte e a vida são inseparáveis, nossa abordagem a ambas poderia ser muito diferente. Por uma única coisa, não estaríamos em negação, sofrendo luto coletivo e ansiedade pelas constantes perdas e mudanças que experimentamos na vida. Talvez, a partir das grandes tradições espirituais do passado, possamos resgatar uma visão do morrer que torne possível para nós abraçar o desconhecido sem ficar paralisados pelo medo, e abraçar a verdade da impermanência, conforme abrimos nossos braços para o mundo.

Como um velho amigo me disse: "A mudança é inevitável, o crescimento é opcional."

Até que tenhamos recebido um diagnóstico catastrófico ou perdido alguém que amamos, podemos tomar a vida por garantida. Quando recebemos um diagnóstico de que temos apenas algum tempo para viver, ou quando nosso melhor amigo morre, nosso foco pode ficar mais estreito, pelo menos por um tempo, e começamos a examinar nossas vidas e nosso destino. Podemos escolher passar nossos dias restantes num projeto médico ou levar nossa atenção para assuntos psicológicos e espirituais, em busca de significado, cuidando de nossas relações e sendo de benefício para os outros.

O interessante é que alguns de nós não vamos começar o trabalho interno até que estejamos no coração do sofrimento. E isso pode ser um pouco tarde demais, posto que os hábitos mentais que nos dirigem estão profundamente enraizados e arrancar suas raízes em uma questão de dias, semanas ou meses pode não ser tão fácil, apesar de possível. Ou, como o mestre zen Richard Baker Roshi me disse: "A iluminação é um acidente; a prática deixa você propenso ao acidente."

Podemos ser propensos ao despertar ou inclinados para o sofrimento. Isso pode soar muito óbvio, mas sempre me perguntei por que tantos de nós não se preocupam em cuidar da mente e do coração até o "último minuto". Por que nos distanciamos das oportunidades que vão nos amadurecer? Por que não pegar essa preciosa oportunidade agora, ao invés de esperar um diagnóstico catastrófico? O que é preciso para que acordemos? Mais cedo ou mais tarde, como Robert Louis Stevenson observou uma vez, todo mundo se senta para um banquete de consequências.

Uma prática importante para ajudar a nos acomodar numa consciência da impermanência é a da generosidade. Como vamos perder todas as nossas posses e conexões quando morrermos, por que não começar a doar o que temos agora mesmo? Ao invés de nos agarrarmos a tudo o que pensamos que nos "pertence", podemos praticar ser generosos e doar as coisas que amamos para os outros. Um amigo próximo doou grande parte de sua fortuna e terras antes de morrer. Ele morreu pacificamente na venerável idade de 92 anos, após uma manhã no escritório, mais uma vez doando dinheiro para os outros. Conforme ele envelhecia, sentia que cada dia era uma oportunidade de tornar seu fardo mais leve, incluindo o fardo de sua riqueza. Ele liberou grandes quantias de dinheiro ao longo de sua vida; conforme ele o fazia, parecia também liberar a si mesmo. Este maravilhoso senhor sentiu que a generosidade estabeleceria um padrão em seu coração e mente para ajudá-lo a abrir mão da vida, quando fosse o momento.

A constatação da iminência da morte pode ser um caminho direto para a descoberta de sentido na vida. Para muitos indivíduos o pior sofrimento é a ausência de sentido. Estranhamente, o sofrimento e o morrer podem frequentemente devolver significado e profundidade a vidas que foram desprovidas deles. Como o sobrevivente do holocausto, Viktor Frankl, escreveu, a morte é o que dá significado à vida. "Eu sempre quis ser terminal", um paciente com câncer uma vez me disse, perto da morte. Seu diagnóstico devolveu-lhe pedaços de sua vida perdidos quando ele era saudável. Perto da morte, recuperou partes não vividas de sua vida que beneficiariam não só a ele como a todos ao seu redor também. Ele me fez lembrar de que somos todos terminais.

Mas a porta da morte pode parecer muito estreita também e nós podemos entrar em pânico quando ela se abre diante de nós, particularmente quando não há para onde ir, a não ser através dela. Se acreditarmos que não somos nada além deste corpo, podemos ser jogados no vale do medo quando o corpo começa a se decompor. Se pensarmos que estamos sozinhos na morte, ou se nos sentirmos perdidos no luto, nossos sentimentos de isolamento podem nublar e encolher nossa visão. Se percebermos a dor que sofremos como sólida, imutável e eterna, nossa experiência pode se tornar dura e claustrofóbica.

Há três importantes portões que podem abrir nossa visão para um horizonte mais amplo, se encontrarmos o caminho para eles. Abrir o primeiro portão revela que tudo é impermanente, até mesmo – e especialmente – viver neste corpo humano. O segundo portão, quando se abre, nos mostra que não há um eu separado. E atrás do terceiro portão brilha a natureza luminosa de nossa própria mente.

Meu amigo Rob Lehman, diagnosticado com linfoma não Hodgkin, disse que a perspectiva da morte derramou luz na forma e tenacidade de seu ego. Nas ondas do medo e da negação que o cobriram, reconheceu que o próprio "eu" que ele estava tentando tornar sólido com sua história era na verdade o autor de seu sofrimento. Agora podia ver-se e aos outros como uma só e mesma coisa, reunindo-se ou se desfazendo de acordo com as circunstâncias de cada momento.

Rob começou a praticar com a prece salmista – "Me ajude a conhecer a brevidade da vida, para que eu ganhe sabedoria de coração" – e percebeu que sempre estivera procurando algo maior do que aquilo que já tinha, e havia sofrido de acordo. Com a morte como sua nova companheira, sua fixação e apego murcharam. Ele começou a se abandonar naquilo que chamava de "um eu maior, que por sua vez se dissolve num ainda maior amor pelo mundo". O que antes havia procurado fora de si mesmo agora havia descoberto dentro.

Ele compartilhou com amigos que seus *insights* haviam resultado numa profunda mudança de identidade, escrevendo: "Minha identidade não é meramente a soma total das muitas dimensões de minha personalidade. Na sua maior transparência, ela é a integração de tudo o que sou com tudo o que todos os seres e todas as coisas são, e este todo integrado é sustentado por um mistério de Amor Generoso. Conforme eu me permito sentir o impacto dessa mudança, percebo que não morro quando eu morro."

Perceber que sofremos porque vemos a nós mesmos como permanentes e separados é muito importante. A compaixão floresce da realização de que não somos separados e não temos uma identidade fixa. Quando nos permitimos amar, não mais resistimos ao sofrimento dos outros. Lama Lodro Dorje nos lembra que o amor é uma fusão. Essa fusão estabelece um espaço mais unificado de brilho, bondade e tristeza. Não podemos mais nos proteger do sofrimento dos outros. Nós o experimentamos somente como sofrimento – não "meu" ou "seu" – apenas como, quando machucamos nossa mão esquerda, nossa mão direita cuida dela. A mão direita e a mão esquerda apenas fazem aquilo que naturalmente precisa ser feito, e o espaço entre essas mãos guarda o coração humano.

Quando meu pai estava morrendo, eu não esperava nada dele. A mão direita estava cuidando da esquerda. E, ao mesmo tempo, meu coração estava completamente dilacerado. Após sua morte, eu me sentei com seu corpo, me perguntando para onde ele teria ido. Há alguma parte dele que seja fixa e permanente? Então claramente vi a identidade de meu pai como não local. Hoje, ele vive em seus filhos e netos. Sua boa vida inspirou muitas pessoas e suas aspirações ainda vivem nelas. Ele está na terra do centro zen onde vivo, onde jardins foram plantados e cuidados. Ele está nas palavras que escrevo, nas palestras que profiro, nos bons trabalhos de minha irmã e meio-irmão e de seus filhos e netos. Agora ele está em toda parte. Ele de fato sempre esteve em toda parte – mas eu o vira como local, não universal, até ele morrer.

Dois dias antes de sua morte, meu pai foi abordado por uma enfermeira, que lhe perguntou: "Como o senhor está se sentindo, Sr. Halifax?" E sem hesitação ele respondeu: "Tudo."

Em nossa cultura, com sua forte ênfase na identidade pessoal e biografia, muitos de nós acham difícil entender o que "não eu" significa. Mas nós, como seres, não somos separados uns dos outros. Somos interconectados, interdependentes e interpenetrados. Em nosso centro zen, cantamos essa oferenda de alimento, antes de comermos:

> Terra, água, fogo, ar e espaço
> Se combinam para fazer esta comida.
> Inumeráveis seres deram suas vidas e trabalho
> Para que possamos comer.
> Que possamos ser nutridos, para que possamos nutrir a vida.[11]

Nesta simples bênção da refeição, posso ver terra, água, fogo, ar e espaço. Ali vejo plantas, solo, abelhas polinizadoras, insetos, trabalho humano e uma cadeia infinita de relacionamentos. Nós também somos feitos de terra, água, fogo, ar e espaço. Todos nós estamos interconectados com sol, lua, vento e chuva e vamos, algum dia, retornar aos elementos-mãe. E todos nós também estamos conectados na correnteza da bondade fundamental.

Se formos capazes de perceber que não estamos separados dos outros, que não temos identidade inerente e que nada é fixado no tempo e no espaço, nosso sofrimento diminui ou mesmo cessa. Ainda assim precisamos ver para crer. Necessitamos de uma experiência direta e pessoal de interconexão e impermanência para que elas se tornem verdadeiras e reais em nossas próprias vidas.

Apesar de uma amiga minha estar morrendo de câncer no ovário, ela ainda estava obcecada por seu trabalho como *designer* gráfico. Enganchada em medicação intravenosa, assim como ao seu computador, ela estava achando muito difícil encarar o fim de sua vida. Um dia, a pedido de sua filha, um médico tibetano foi visitá-la. Ele instruiu minha amiga a sentar no topo de uma montanha e olhar para o céu como um antídoto para sua fixação habitual ao seu trabalho e seu medo de morrer. Mais tarde, na semana em que recuperou alguma força, ela pediu para ser leva-

---

11 Composta por Joan Halifax.

da para a estação de esqui logo acima de Santa Fé. Ela e sua filha sentaram-se por uma hora, em silêncio quase absoluto, enquanto observavam as nuvens se movendo através do fim de tarde do céu do sudoeste. No funeral da mãe, a filha nos disse que este foi o momento pivô de seu relacionamento. A intimidade que se abrira para elas havia nascido naquela tarde silenciosa nas montanhas Sangre de Cristo e ela sentiu que foram essa intimidade e a amplidão que ajudaram sua mãe a morrer.

Seja nos abrindo para o céu, o mar, ou simplesmente nos sentando em imobilidade e silêncio, quando nos afastamos do solo familiar das ideias, da tagarelice mental e do trabalho compulsivo que parecia nos sustentar, podemos descobrir o espaço que é nosso verdadeiro lar, nossa morada original.

Traga a si mesmo para esse lugar onde você já está, sua morada original. Uma visão maior está disponível para você agora mesmo, na experiência sem filtros deste exato momento – uma experiência abaixo das marolas dos conceitos e mais profunda que a linguagem. Apenas sente-se e respire. Tire um momento para estabilizar sua mente, permitindo que sua sabedoria natural surja. Eu prometo que você verá por si mesmo que nada, incluindo sua própria identidade individual, existe no sentido absoluto em termos de uma imutável verdade permanente. Com nossa visão da realidade ampla e clara, descobrimos aquele inexprimivelmente vasto horizonte de não saber, brilhando na aurora do silêncio e da entrega.

MEDITAÇÃO
As nove contemplações

Diz a lenda que Confúcio recebeu a tarefa de encordoar uma joia de nove facetas – isto queria dizer que ele teria que passar um fio finíssimo através de nove impossivelmente apertadas voltas no centro da joia. A penalidade por falhar em completar esta tarefa era a morte. Nosso filósofo não podia imaginar como fazer essa coisa terrivelmente difícil. O tempo era curto, mas nenhuma solução se apresentou. Ele viu a si mesmo na terra do inconcebível. Então, surpreendentemente, encontrou uma misteriosa jovem num arbusto de Loropetalum. Ela lhe disse que ele precisava descobrir um segredo. A palavra para "segredo" em chinês soa muito parecida com a palavra para "mel". Em um piscar de olhos, Confúcio, sem pensar, tinha a solução. Ele amarrou um fio ao corpo de uma formiga. Então atraiu a formiga com mel para entrar no furo retorcido da joia. Deste jeito, a formiga contornou as nove difíceis voltas do caminho estreito, a joia foi encordoada e a vida de Confúcio foi dada novamente a ele.

O professor zen Jan Chozen Bays nos lembra que esta joia é nossa própria vida, nossa própria mente, mas, como a formiga, estamos cegos para ela, e como Confúcio ela apresenta um grande problema para nós. O estreito e retorcido caminho é o caminho da iniciação, o lugar de passagem que traz vida à nossa vida, se formos capazes de encontrar nosso caminho através dele. Mas temos que descobrir o caminho por nós mesmos. O fio é também a nossa vida. Um dos propósitos da vida é deixar essa fina e flexível parte de nossa natureza ser puxada através dos estreitos para liberar nossa verdadeira sabedoria, puxada às cegas não pelo conhecimento, mas pela doçura inocente.

As nove contemplações que se seguem oferecem um caminho para explorar nossa vulnerabilidade e a inevitabilidade da morte. Elas são perspectivas sobre o viver e o morrer que foram exploradas pelo grande monge do século XI e erudito Atisha Dipankara Shrijnana. A prática que Atisha desenvolveu nos pede para questionar o que estamos fazendo em nossas vidas neste exato momento e que vejamos o que é importante à luz da nossa mortalidade. As simples verdades delineadas nesta prática têm a intenção de despertar a consciência em relação a como estamos vivendo nossas vidas. O que estamos fazendo agora para aprofundar nossa experiência? Como estamos trabalhando agora com nosso próprio medo e sofrimento e o dos outros? O que estamos fazendo para nos prepararmos não somente para a liberação no momento da morte, mas para a liberação neste exato momento? As nove contemplações são como um relatório meteorológico nos alertando para uma tempestade em nosso futuro. O alerta não pode predizer exatamente quando ou como a tempestade irá cair, mas pode nos dizer que ela é inevitável e que é melhor nos prepararmos para ela. Sendo este o caso, por que não nos prepararmos para ela agora? Por que não cultivar um meio de vida que nos treine para estarmos despertos – no viver e no morrer? Aceitar a verdade da inevitabilidade da morte é como nós começamos a ir além do medo e nos engajar completamente em nossas vidas.

Encontre uma posição confortável para se sentar. Permita que seu corpo relaxe e se acalme. Se você quiser, feche os olhos. Deixe sua mente se aquietar. Traga sua atenção para sua respiração. Por favor, considere cada contemplação profundamente.

A PRIMEIRA CONTEMPLAÇÃO

Todos nós iremos morrer mais cedo ou mais tarde.

A morte é inevitável; ninguém está isento.

Mantendo este pensamento em mente, eu habito na respiração.

Mesmo que seja difícil perceber que um dia você irá morrer, não há escapatória. Nem um único ser – não importa o quão espiritualmente evoluído, poderoso, rico ou motivado – escapou da morte. Buda, Jesus e Maomé não escaparam dela, nem iremos você ou eu. Todos os atributos da sua vida – educação, riqueza, *status*, força, fama, gênero, amigos e família – não vão fazer a menor diferença. A morte confere profunda igualdade a todos nós. Quando a mente se distancia de contemplar a inevitabilidade da morte, chame-a de volta. Você pode resistir flutuando nos pensamentos ou voltando-se para a fantasia. Observe o que a sua mente faz para escapar desse simples fato. Você pode encarar a verdade de que a morte permeia cada célula do seu corpo? Traga sua atenção de volta para essa oportunidade de tocar a verdade, percebendo que você irá morrer, que cada ser precioso para você irá morrer, que cada pessoa e cada criatura sobre a terra irá morrer.

A SEGUNDA CONTEMPLAÇÃO

Meu tempo de vida é cada vez menor.

O tempo da vida humana é cada vez menor; cada respiração nos leva para perto da morte.

Mantendo este pensamento em mente, eu examino profundamente esta verdade.

Seu tempo de vida diminui a cada momento. A vida flui, para melhor ou para pior, entre o nascimento e a morte, estes dois pontos de mudança. Seu contínuo movimento em direção à morte nunca para. Cada inspiração e expiração sua, cada palavra que você fala, cada pensamento que você tem, leva você mais perto desse destino. Cada passo que você dá leva você mais perto de seu lugar final de descanso.

Conforme você considera isso, perceba o que vem à sua mente. Se a mente tentar distraí-lo, chame a si mesmo de volta para a verdade de que sua vida é limitada. Aprecie o que você tem agora e admita que pode não haver amanhã. O que você está fazendo com esta vida agora para vivê-la plenamente e para sustentar uma morte sã e suave? O que você está fazendo para ajudar os outros? O que dá sentido à sua vida?

A TERCEIRA CONTEMPLAÇÃO

A morte vem, quer eu esteja ou não preparado.
A morte virá de fato, quer estejamos ou não preparados. Mantendo este pensamento em mente, entro completamente no corpo da vida.

A maioria de nós irá encontrar a morte sem ter fortalecido a consciência de nossa verdadeira natureza. Quanto tempo você gasta atualmente treinando e estabilizando sua mente? De quantos de seus pensamentos você tem consciência? Quantos são sobre a libertação do sofrimento e a morte? Quão frequentemente você se lembra que a morte virá? Gastamos muito tempo comendo, bebendo, persuadindo, brincando, dormindo. Conduzimos negócios, ganhamos e gastamos dinheiro e cuidamos de nossos relacionamentos. A maioria de nós está fazendo muito pouco para se preparar para a morte. Que tipo de prática irá fortalecer nossa mente? O que você pode fazer para despertar nesta vida? A sua capacidade de dar atenção ao corpo e à mente é adequada para encarar o desafio da morte? Você pode se preparar agora mesmo. Antes da jornada, por favor, faça os melhores preparativos possíveis para esse destino chamado morte.

A QUARTA CONTEMPLAÇÃO

Meu tempo de vida não é fixo.

A expectativa de vida humana é incerta; a morte pode chegar a qualquer momento.

Mantendo este pensamento em mente, estou atento a cada momento.

Pense nos muitos seres que morreram hoje. Quantos deles realmente pensaram que iriam morrer hoje? Você realmente pensa que sabe quanto tempo tem de sobra? A morte pode chegar a qualquer momento. Você poderia morrer esta tarde; você poderia morrer amanhã de manhã; você poderia morrer em seu caminho para o trabalho; você poderia morrer durante o sono. A maioria de nós tenta evitar a noção de que a morte pode chegar a qualquer momento, mas seu tempo é desconhecido para nós. Podemos viver cada dia como se fosse o último? Podemos nos relacionar uns com os outros como se não houvesse amanhã?

A QUINTA CONTEMPLAÇÃO

A morte tem muitas causas.

Há muitas causas para a morte – mesmo hábitos e desejos são fatores precipitantes.

Mantendo este pensamento em mente, considero as infindáveis possibilidades.

As causas da morte são infinitas. Você pode morrer por causa de uma tempestade ou um acidente; você pode morrer de câncer, doença do coração, diabetes, envelhecimento. Você pode morrer de medo ou de um coração partido. Mesmo que você tenha sido diagnosticado com uma chamada doença terminal, ela pode não ser a causa de sua morte. Muitas condições trazem a morte, e as forças que sustentam a vida são poucas. Observe o que sua mente faz, enquanto você contempla a verdade de que a morte pode chegar através de tantas portas. Você tenta evitar este pensamento ou é capaz de considerar as possibilidades?

A SEXTA CONTEMPLAÇÃO

Meu corpo é frágil e vulnerável.

O corpo humano é frágil e vulnerável; minha vida está suspensa por uma respiração. Mantendo este pensamento em mente, eu presto atenção enquanto inspiro e expiro.

Você pode sentir como se fosse viver para sempre – ou envelhecendo, vendo outras pessoas morrerem, pode se sentir diferente. A vida literalmente está suspensa por uma respiração. Inspire. Após exalar, considere a possibilidade de que você pode não ser capaz de inalar de novo. Quando a respiração não mais penetrar o seu corpo, então o seu tempo de vida terá acabado e você irá morrer. Diga a si mesmo: "Esta vida é frágil e completamente dependente da minha respiração." Você pode se permitir realmente saber disso? As batidas do seu coração e a atividade do seu cérebro dão vida à sua vida. Um acidente, um momento de violência, um só passo em falso pode levar sua vida a um surpreendente e rápido fim. Saber o quão vulnerável e frágil você é volta sua mente em direção ao viver?

A SÉTIMA CONTEMPLAÇÃO

Meus recursos materiais serão inúteis para mim.
No momento da morte, recursos materiais são inúteis.

Mantendo este pensamento em mente, eu invisto sinceramente na prática.

Imagine-se deitado em seu leito de morte, ficando mais fraco neste momento. Você gastou sua vida ganhando dinheiro, acumulando posses. Você tem uma bela casa, contas bancárias, um carro caro, roupas finas e joias. Mas, no limiar da morte, de que servem? Cada centavo, cada item deve ser deixado para trás – todos os confortos pelos quais você batalhou tanto. Eles serão absolutamente inúteis na hora de sua morte – ou, mais que inúteis, impedimentos para se entregar completamente. Você pode ver a si mesmo se agarrando à sua história e identidade? Considere que todos os seus objetos queridos serão redistribuídos quando você morrer. Todas as coisas que você acumulou serão dadas para amigos e parentes. Algumas delas podem acabar em um brechó ou numa pilha de quinquilharias. Agora pergunte: O que é um sólido investimento a se fazer nesta vida? O que será importante no momento da morte? Libere o apego e pratique a generosidade agora.

A OITAVA CONTEMPLAÇÃO

Meus entes queridos não poderão me salvar.

Nossos entes queridos não podem nos proteger da morte; não há como postergar seu advento.

Mantendo este pensamento em mente, exercito o não agarrar.

É completamente natural se voltar para os amigos e a família nos tempos difíceis. Entretanto, as pessoas que você ama não podem afastar a morte de você, e fortes laços podem produzir dor e apego, que somente farão o processo de morrer mais difícil. Seus entes queridos são impotentes diante da sua morte. Não importa o quão gentis e chegados seus amigos possam ser, em última instância não há nada que eles possam fazer por você quando estiver morrendo. O que de fato irá ajudar no momento de sua morte?

A NONA CONTEMPLAÇÃO

> Meu próprio corpo não pode me ajudar quando a morte chegar.
>
> O corpo não pode nos ajudar na morte; ele também será perdido nesse momento.
>
> Mantendo este pensamento em mente, eu aprendo a deixar ir.

Você pode ter gasto muito tempo trabalhando no seu corpo – alimentando-o, lavando-o, exercitando-o, vestindo-o e despindo-o, gostando e não gostando dele. Você pode gastar horas pensando sobre seu corpo, olhando-o no espelho, avaliando sua aparência, tentando fazê-lo parecer mais jovem e mais bonito. Este corpo tem sido sua companhia constante, às vezes um amigo, às vezes um inimigo. Você experimentou muita dor e prazer nele. Você o aprecia. Você o despreza. E, no momento da morte, você o perde. Você pode sentir sua dependência do seu corpo, seu apego a ele? Você pode ver como agarrar-se ao seu corpo pode atormentá-lo? Você pode compreender por que há tanto medo, tanto apego à vida, tanta raiva de antemão em abrir mão da vida? Você pode sentir compaixão por si mesmo e pelos outros? O que é realmente importante à luz desta verdade de que não podemos nos agarrar a este corpo? O que você pode fazer para se preparar para encarar sua morte habilmente e ajudar os outros a encarar a deles?

PARTE DOIS
Oferecendo o destemor

No Upaya Zen Center, nós temos uma bela estátua de bronze de Mahapajapati, a mãe adotiva de Buda. Sua expressão é serena e ela mantém a mão direita levantada, com a palma virada para fora, no gesto conhecido como "oferecendo o destemor." Conforme ultrapassamos o limiar do presente no morrer, o dom mais importante que podemos oferecer aos outros e a nós mesmos é o dom do destemor.

Reconhecer nossa interconexão é a essência de oferecer o destemor. Estamos unidos pelo nosso sangue, no emaranhado de nossos nervos, através de nós e entre nós. A vida nos conecta uns aos outros, assim como o sofrimento, a alegria, a morte e a iluminação. Quando vemos nosso medo claramente e o atravessamos ao nos reconectarmos com o momento e nossa semelhança, o medo pode evaporar e, em seu lugar, a compaixão pode desabrochar. Quando me sento com uma pessoa que está morrendo, não posso na mais profunda realidade me separar dela. Nossa bondade incondicional nos conecta.

Frequentemente, entretanto, a transição de nossa vida pode ser imprevisível e caótica. É um tempo de grande incerteza para quem está morrendo. Pode ser que nada no que tenhamos confiado esteja lá para nos apoiar. O melhor e geralmente a única coisa a fazer é deixar ir e, como Bernie Glassman Roshi ensina, testemunhar a mudança – estar com o que não apresenta resistência e permite que as mudanças inevitáveis em torno do morrer aconteçam livremente. Podemos nos confiar à realidade e aprender a comparecer, simplesmente estando presentes para o que quer que seja oferecido, seja o ventre do sofrimento, o mistério da transcendência ou a verdade do ordinário.

Neste caminho de testemunhar o morrer, podemos oferecer o destemor? Podemos abrir mão de nossas rígidas estratégias de controle, nossas ideias do que significa "morrer bem" – conceitos que podem nos cegar para a experiência daqueles que estamos tentando ajudar – e realmente deixar a pessoa que está morrendo tomar a liderança? E, igualmente importante, podemos cuidar de nós mesmos enquanto desejamos cuidar dos outros? Esteja você morrendo ou cuidando, cada uma dessas coisas depende de você penetrar completamente no presente momento, a mãe da consciência, testemunhando profundamente.

Na morte, nosso corpo e mente se desintegram junto com nossas relações com os outros e as coisas; e neste desfazer-se temos a chance de nos conectarmos com algo maior do que o pequeno eu tão identificado com nossa noção de estarmos separados. O tempo como o conhecemos flui em direção ao grande oceano da atemporalidade. Nesse estado alterado e intensificado, a experiência limítrofe nos puxa para baixo e para dentro, e isto serve como uma iniciação que pode destruir nosso apego àquele pequeno eu. Morrendo para nossa história, atravessamos a perda e possivelmente o alívio de deixar ir.

Testemunhar nos chama continuamente a atravessar o limiar de nossa história. Fora de nossas expectativas, crenças e medos, muitos de nós fabricamos uma versão de como as coisas são. Nós nos defendemos contra o medo da dor com nossa história; gostamos de usá-la como um amortecedor contra a impermanência, tentando nos proteger do fato de que a morte vem para todos, geralmente sem avisar. Reconhecer nossa pequena história individual e então ir além dela expressa verdadeira compaixão – compartilhar o sofrimento e a alegria dos outros enquanto estamos em contato com nossa própria situação também.

Na passagem da vida para a morte, o que você vai ultrapassar não é uma história, ou uma ideia que está "lá" em algum lugar. Sua velha identidade está triturada como grão, e uma nova vida pode crescer da ruptura do seu passado e da abertura do seu presente. Morrer e estar presente no morrer são experiências limítrofes com o potencial de destruir nosso autoapego, enquanto nos liberam em um espaço mais amplo.

7
FICÇÕES QUE BLOQUEIAM E CURAM
Encarando a verdade e encontrando significado

Quando eu era uma jovem mulher, trabalhando no meu doutorado, passei algum tempo no hospital com uma velha senhora que tinha câncer de mama. Logo antes de morrer, ela me disse que você nunca pode saber do que se trata morrer até que aconteça com você. Os olhos dela diziam ainda mais do que suas palavras. Todas as histórias que ela havia um dia contado a si mesma sobre o modo como ela morreria se espatifaram contra a realidade de como sua morte realmente era.

Apesar de podermos nos tornar familiarizados com a fisiologia, a psicologia e a espiritualidade do morrer, não podemos conhecer a morte até que ela aconteça conosco. Entretanto, podemos fazer o reconhecimento do território. Podemos investigar as muitas pequenas mortes e nascimentos que experimentamos na vida diária, explorando perda, mudança e impermanência. Podemos tentar estabilizar nossas mentes através da prática espiritual. E podemos ouvir as histórias que contamos a nós mesmos sobre a morte e talvez afrouxar o nó que nos ata a essas histórias, alcançando profundamente dentro de cada história o seu verdadeiro coração.

Muitos de nós, compreensivelmente, tentamos encontrar um caminho em torno da verdade de que iremos eventualmente morrer. T. S. Eliot ressalta que nós, humanos, "não podemos suportar muita realidade".[12] Ao invés de nos prepararmos para a

---
12 ELIOT, T. S. "Burnt Norton", in *Quatro Quartetos*. Londres: Faber & Faber, 1941.

morte, podemos tentar evitá-la ou visitá-la, contando a nós mesmos histórias sobre viver até uma idade avançada, na esperança de nos sentirmos mais sólidos, certos e seguros. Essas histórias podem tanto ser fabricações nocivas ou o que o psicólogo James Hillman chamou de "ficções curativas", histórias que nos ajudam a encontrar significado no viver e no morrer.[13] Se criamos a história de que a morte é uma tragédia e uma derrota, por exemplo, isto pode também colorir nossa experiência de morrer e nosso relacionamento com pessoas que estejam morrendo. Ou, ao contrário, se criamos uma história de morte como uma grande aventura, e acontece de nossas faculdades mentais e físicas diminuírem e nos tornarmos miseráveis conforme nos aproximamos da morte, podemos nos perguntar o que aconteceu à nossa assim chamada "boa morte".

Não sabemos como ou quando iremos morrer – mesmo quando estamos de fato morrendo. A morte, em todos os seus aspectos, é um mistério, e nossas histórias podem abrir a porta para o desconhecido ou ajudar a nos enganarmos e àqueles à nossa volta.

Uma amiga, em seus oitenta e tantos anos, uma otimista de cabelos selvagens, sentiu que estava de partida. Seu coração estava lutando para continuar com ela. Mas ela tinha uma visão bem--humorada e de alguma forma romântica de sua morte e queria estar rodeada por seus amigos mais jovens enquanto morria – de fato, ela queria uma festa. Superar o cansaço da falência cardíaca congestiva era uma vontade indomável. Se alguém podia planejar um cenário para o leito de morte, esse alguém era ela. Mas, de fato, ela morreu numa noite durante o sono, livre de sua história. Seus amigos experimentaram um tanto de desapontamento quando descobriram que ela havia ido tranquilamente à sua moda, sem eles. Eles fizeram a festa do mesmo jeito.

---

13 HILLMAN, James. Ficções curativas. Nova York: Spring Publications, 1994.

Um jovem homem com quem trabalhei sentiu que estava pronto para morrer e parou de tomar as medicações, com a ideia de que iria morrer uma "nobre morte" alguns dias depois. Embora tenhamos dito a ele que o corpo morre em seu próprio tempo e que não poderíamos prever o que aconteceria, ele achou nosso conselho difícil de aceitar e ficou preso à sua história de que iria morrer uma morte rápida e heroica.

Conforme os dias se passavam e ele não morria, este jovem homem se tornou mais e mais miserável. Ele havia dito corajosos adeuses à sua família e amigos; estava pronto para morrer e não queria que as coisas se arrastassem.

Quatro meses depois, sua paciência havia sido minuciosamente testada, e ele ainda não havia partido. Sua morte não aconteceria como ele gostaria que fosse e ele sentia que sua "história" o havia traído. Nenhuma quantidade de presença, apoio, amor e bom senso poderia aplacar sua raiva, e ele mudou para outra história, estava focando nele mesmo como vítima. Havia perdido o controle de sua morte, assim como de tudo mais em sua vida.

Aqueles de nós que fomos seus cuidadores havíamos feito o nosso melhor para estar lá, enquanto ele lutava com a frustração e a dor física. Era um homem jovem, que sempre tinha planejado cuidadosamente e levado seus planos adiante com comprometimento. Agora essa mesma energia tinha se tornado um obstáculo para viver sua morte. Ele havia assistido as assim chamadas "boas mortes" de amigos e esperava que sua morte fosse como a deles. Tinha uma ideia definida de como as coisas deveriam ser e elas não estavam funcionando daquele jeito. Finalmente, no que se mostrou ser a manhã de sua morte, após uma difícil última batalha contra as ideias que se opunham à sua realidade, ele finalmente desistiu de tudo.

Ao cuidar deste jovem homem, eu me perguntei se existe realmente algo como uma "boa morte". Eu não podia chamar sua morte de boa ou má. Ele fez do seu jeito e, em retrospecto, apesar de ter sido duro para ele e para nós, foi uma jornada espetacular. Eu tinha que respeitar seu estranho heroísmo.

Cada pessoa morre de seu jeito. O jovem homem, cuja história acabei de contar, de um ponto de vista parecia estar morrendo muito tarde. Mas era mesmo muito tarde? Será que a mudança em sua história de herói para vítima o levou ainda a uma terceira perspectiva, uma que era livre de bom ou mau, herói ou vítima? Conforme suas horas finais se desdobravam, tudo parecia desaparecer dele, incluindo seu sofrimento, incluindo sua história. Ele deslizou sob a onda da vida e mergulhou a perder de vista. No fim, não pude avaliar sua jornada. Eu simplesmente senti amor por meu jovem amigo, e no correr dos anos meu respeito por ele aumentou.

O conceito de uma boa morte pode colocar uma pressão insuportável nas pessoas que estão morrendo e nos cuidadores, e pode nos afastar do mistério da morte e da riqueza do não saber. Nossas expectativas sobre como alguém deveria morrer podem dar surgimento a uma coerção sutil ou direta. E ninguém quer ser julgado pelo quão bem se morre!

"Morte digna" é outro conceito que pode se tornar um obstáculo ao que realmente está acontecendo. Morrer pode ser muito indigno. Frequentemente não é nada dignificante, com roupas de cama e lençóis sujos, fluidos corporais e falência dos órgãos, nudez e sexualidade estranha, confusão e linguagem áspera – tudo bem comum no curso da morte. As histórias que contamos a nós mesmos – boa morte, morte digna – podem ser fabricações infelizes que usamos para tentar nos proteger contra a verdade – ora crua, ora maravilhosa – da morte.

Nossas histórias podem ser as pontes para a liberdade também. Há muitas histórias poderosas em torno da morte e de "mortes iluminadas" que nos deixam renovada inspiração e determinação. Muitas experiências memoráveis das mortes de grandes professores sempre inspiraram e influenciaram seus alunos. As histórias de mortes elegantes de amigos nos lembram que a morte pode nos ensinar sobre a força do espírito humano e a possibilidade de a morte ser verdadeiramente uma libertação. Essas histórias podem ser importantes legados de vida. Histórias podem conferir significado ao nosso sofrimento, profundidade à nossa morte ou perspectiva de luto. Podem abrir uma porta ou revelar um caminho. Venho aprendendo cada vez mais que é libertador tornar visíveis nossas histórias bem antes de o processo ativo de morrer começar, e então abrir mão dessas narrativas, conforme a presença do que está realmente acontecendo se revela.

Então, por favor, torne-se consciente das histórias em torno da morte – as histórias que estamos contando a nós mesmos, as histórias que nossa cultura nos conta, as histórias que nossas instituições de saúde criaram. Por favor, dirija sua atenção na direção daquilo que você pode dizer a si mesmo sobre o morrer e a morte. Familiarize-se com o modo através do qual você pode se proteger da verdade da morte com certas ideias e como você pode deixar a história ser um bote que te leve para a outra margem.

Aprenda a acessar aquele espaço interno de quietude onde a sabedoria descansa, a sabedoria que nos permite questionar, ver e aprender com tudo o que existe dentro e em torno de nós. Essa sabedoria abraça a história, pode esclarecer a história e não é a história.

Quando uma mulher estava morrendo, expressou alívio de que todos à sua volta estivessem tão calmos. A busca frenética por uma cura para seu câncer a havia levado a muitos extremos, enquanto ela se agarrava à sua história de que iria morrer de velhice. Ela ainda sentia o ímpeto dessa busca, conforme se aproximava da morte ativa. Então, um dia, em um instante, ela pareceu parar. Sua empreitada simplesmente chegou ao fim. Aqueles de nós que nos sentávamos com ela sentiram a mudança quando ela se juntou a nós, como uma ilha navegando em direção a um continente estável. Ela finalmente se aquietou para morrer, com uma narrativa de aceitação apoiando sua jornada em direção ao desconhecido. A nova história dessa mulher deu-lhe a força necessária para deixar ir.

Nossa prática de não saber aponta para uma abertura em perspectiva, uma abertura que é mais profunda que uma história, mais profunda que nossas expectativas, mais profunda que nossos desejos, mais profunda que nossa personalidade, mais profunda que construções culturais. A presença no morrer nos dá uma preciosa oportunidade de questionar todas as nossas histórias, de deixar caírem as fabricações nocivas que não mais nos servem e de transformar nossas histórias em ficções curativas que nos ajudam a aparecer para o nosso viver e morrer.

MEDITAÇÃO
Testemunhando duas verdades

PARTE UM: VER DE FORMA PURA

Ver de forma pura significa que nós estamos completamente presentes sem julgamentos sobre quem cada pessoa é. Queremos ver a profunda natureza desperta desta pessoa, enquanto também vemos e respeitamos sua experiência de sofrimento. Esta é a essência da prática que se segue: como estar completamente com a verdade do sofrimento e simultaneamente com a verdade da bondade fundamental de cada pessoa. Nós primeiro revelamos o recurso de nosso próprio bom coração e então encostamos na bondade fundamental do outro, olhando, através e por sobre o cansaço, a raiva ou a infelicidade marcadas a ferro e fogo, para o lugar em que sempre esteve e sempre será livre das marcas da desgraça.

Você pode praticar com isto em qualquer tempo ou lugar. Por agora, tente enquanto está sentado numa cadeira. Sente-se diante de um amigo ou imagine-o em frente a você e gentilmente feche os olhos. Deixe seu corpo confortável e ajuste sua postura conforme necessário. Traga a atenção para sua respiração enquanto continua a se aquietar. Respire profundamente na sua barriga. Deixe-se relaxar enquanto sua mente fica com a inspiração e a expiração. Conforme pensamentos, sentimentos e sensações vão surgindo, deixe-os ir, mantendo tudo bem simples, somente sentindo a respiração. Conforme respira, sinta-se relaxando de tal modo que você esteja mais profundo que sua personalidade e sua identidade. Não há lugar algum para ir, nada a fazer. Você é presença sem nenhum objeto ou objetivo, presença mais profunda que a personalidade.

Agora imagine-se como uma criança de três, quatro anos de idade. Veja a si mesmo no tempo em que era feliz e livre. Talvez você possa se lembrar de uma foto sua, ou trazer à mente o rosto de uma criança inocente e cheia de alegria. Sinta como é ser esta criança. Olhe através de seus olhos, olhos que são claros e brilhantes, frescos e imaculados. Estes olhos inocentes estão sempre aqui em você. Você é esses olhos de não julgamento e não preconceito. Sinta-se em paz com esta simplicidade.

Agora abra seus olhos e olhe fixamente para a área do peito de seu amigo sentado à sua frente, ou visualize seu amigo que está sofrendo em sua mente. Mantenha isso bem simples. Se sentir necessidade de fazer alguma coisa, feche os olhos e volte para a imagem dos olhos inocentes da criança.

Deixe sua atenção focada na respiração de seu amigo. Você pode sincronizar sua respiração com ele ou ela, se assim desejar. Simplesmente esteja presente, olhe através de olhos sem julgamento para aquele sentado em frente a você. Tome consciência de sua respiração e do subir e descer do peito de seu amigo. Apenas olhe fixamente, com olhos suaves.

Quando se sentir pronto, permita que seu olhar se mova para a região da garganta de seu amigo. Não se agarre ou se retraia. Simplesmente olhe aberta e silenciosamente para a garganta de seu amigo. Um pouco mais de sua identidade está sendo revelado a você. Mantenha sua respiração. Mantenha sua visão suave e aceitando, conforme você levanta seus olhos para olhar fixamente nos olhos deste amigo sentado à sua frente. Perceba se você se sente desconfortável com o contato. Se se sentir, vá para dentro e lembre-se da criança através de cujos olhos você estava olhando. Quando você se sentir estável, deixe seus olhos gentilmente se abrirem e olhe para seu amigo de um lugar que é mais profundo que sua personalidade.

Quando você sentir que esteve presente para esta pessoa neste momento, permita-se ver seu amigo se tornando jovem como uma pequena criança, cheio de esperança e boas intenções. Veja esta pessoa como ele ou ela deve ter sido, quando era bem jovem e livre do sofrimento. Imagine que este ser puro e cheio de esperança ainda vive no seu amigo. Olhe sem julgamento ou história. Veja os olhos desta pessoa como luminosos e inocentes, livres do medo e do pesar. Veja o bom coração de seu amigo e sua natureza imaculada a partir do lugar dentro de você que é mais profundo que sua personalidade. Mantenha isto bem simples. Veja através de olhos inocentes. Se você sentir como se estivesse começando a se fixar, feche os olhos e volte para sua respiração.

Agora, na sua imaginação, traga seu amigo para o presente. Vendo este ser como ele ou ela é agora, perceba que sua natureza original ainda está aqui. Olhe através de olhos bem abertos para a verdade da vida desta pessoa. Tome consciência da alegria e do sofrimento e perceba que há um lugar interior que é livre de todas as condições.

Mantenha esta visão de pureza de coração, relaxando e fechando seus olhos, conforme volta a atenção para sua respiração.

PARTE DOIS: TESTEMUNHANDO

Se você fizer a seguinte prática com um amigo que está presente, vocês irão decidir qual dos dois irá testemunhar primeiro e qual irá falar. O que estiver testemunhando é solicitado a ouvir o que estiver falando. O ouvinte não dirá nada, não fará nada, a não ser simplesmente estar presente. Não toque a pessoa que estiver falando; não conforte a pessoa. Confie que sua presença será suficiente. (Você também pode imaginar o que seu amigo poderia lhe dizer e estar tão presente quanto possível para suas palavras.) A pessoa que fala tira alguns momentos para se lembrar de uma experiência de sofrimento. Ele ou ela então fala sobre esta experiência por cinco minutos, sem interrupção. Quando tiver acabado, o palestrante da vez testemunha o ouvinte, que agora é quem fala. Completem a prática oferecendo sua gratidão um ao outro.

Quando vocês tiverem decidido quem irá falar primeiro, fechem os olhos e relaxem. O ouvinte traz sua respiração profundamente para a barriga. O palestrante contempla uma experiência de sofrimento. Quando o palestrante começar a falar, o ouvinte respira profunda, uniforme e suavemente estando presente para o palestrante. O ouvinte deve estar atento, se surgirem impulsos de comentar, dar conselho ou mudar ou consertar a situação. Agimos movidos por esses impulsos, quando estamos simplesmente testemunhando.

Ao final de cinco minutos, o ouvinte pode tocar um pequeno sino, ou acenar com a cabeça para o palestrante. Se você for o palestrante, por favor, termine o que estiver falando neste momento. Após o sino dos cinco minutos tocar, há uma breve pausa, e então o palestrante pode compartilhar com o ouvinte como foi ser ouvido dessa forma. Depois de alguns minutos de réplica, o ouvinte compartilha com o palestrante como foi ouvir dessa forma. Então os participantes trocam de papel.

Esta prática, mesmo quando feita somente na imaginação, pode ser um poderoso treinamento para estar presente como cuidador sem tentar consolar, aliviar ou salvar a pessoa em sofrimento, mas simplesmente testemunhar o que quer que surja.

8

AS DUAS FLECHAS
Estou sentindo dor e não estou sofrendo

Quando ensino a cuidadores, frequentemente pergunto aos participantes o que mais lhes preocupa em relação ao morrer: o pensamento da morte ou o pensamento de sentir dor? À menção de dor, 100 mãos imediatamente disparam no ar. De fato, nosso corpo é como um ímã atraindo dor; faz parte de ser humano e não há jeito de escapar.

Às vezes mesmo a menor dor é esmagadora. Uma latejante dor de dente pode tomar conta de toda sua vida. Um osso fraturado aprisiona sua mente em sua dor e coceira. Mesmo a picada de uma agulha pode nos encher de ansiedade e pavor. Isto é compreensível – toda nossa cultura olha para a dor como uma inimiga, e nos ensina a fazer qualquer coisa, qualquer coisa para nos afastar dela. Nós estamos envolvidos em tentar evitar a dor, às vezes nos entorpecendo com vícios, às vezes através de uma prejudicial obsessão em evitar a dor completamente.

Mas a maioria de nós não é capaz de evitar a dor para sempre. Em algum ponto de nossas vidas, talvez quando estivermos morrendo, pode haver muita dor – e, na verdade, a dor pode ser nossa maior professora, uma vez que paremos de fugir freneticamente da sua presença. Precisamos saber o que fazer com a dor: como vê-la, como trabalhar com ela. E de fato ajuda se pudermos usar nossas experiências de dor neste exato momento, para nos prepararmos para o que vem à frente.

Há 15 anos, eu estava muito doente e lidando com grande dor física. Além disso, estava preocupada e desencorajada porque meu corpo estava doente. Morria de medo de fazer uma cirurgia que os médicos me diziam ser necessária.

Eu tinha sorte; tinha bons amigos que me encorajaram a fazer uma caminhada nas montanhas próximas. Às vezes era realmente um esforço para mim fazer isto, mas eu me dei um empurrãozinho extra, porque as montanhas são minhas amigas. Eles providenciaram a nutrição que tornou possível para mim trabalhar com minha história acerca do meu sofrimento.

Conforme ganhei mais energia, percebi quantas outras mulheres estavam doentes como eu. Abri meu coração para elas e comecei a praticar enquanto pensava nelas. Minha dor se tornou um resgate para os outros. Com um coração muito mais aberto, descobri que era capaz de me dar mais espaço interno e deixar a dor no meu corpo apenas ser. Muito devagarinho, ganhei coragem suficiente para cuidar do que tinha que ser cuidado e marcar a cirurgia necessária.

Quando penso sobre isso hoje, anos depois, vejo como fui quase apanhada pelo meu sofrimento, hipnotizada por não fazer nada sobre minha situação, a não ser me preocupar – justificadamente, talvez, mas talvez também um pouco autoabsorvida. No zen, chamamos esse tipo de rigidez de "estar amarrado sem uma corda". Se eu tivesse ficado naquele lugar de paralisia, ele teria eventualmente me impedido de ficar curada. Estar obcecada com minha doença estava me tornando claustrofóbica; mudar minha atitude sobre a situação me ajudou a me curar. Quando fui capaz de colocar algum espaço de respiração ao redor do meu problema, pude me voltar para atividades positivas. E quando pude aceitar minha própria doença e pedir ajuda, pude considerar o sofrimento de outras mulheres em minha posição e oferecer-lhes meu apoio.

Nossas vidas incluem tanto a dor quanto o sofrimento. A dor é o desconforto físico, enquanto o sofrimento é a história em torno da dor. Buda disse: "Quando tocada por um sentimento de dor, a pessoa comum e não instruída sofre, se entristece e lamenta, bate

no próprio peito, fica desesperada. Então ela sente duas dores, a física e a mental, como se fosse atingida por uma flecha e, logo em seguida, por outra, de modo que sentisse as dores de duas flechas."
Eu cometi o erro bem humano de seguir a flecha da dor com a flecha do sofrimento. A primeira flecha, a sensação de dor, já é ruim o suficiente. Mas a segunda flecha – a história que contamos a nós mesmos sobre nossa dor – é o verdadeiro problema.
A liberação vem quando percebemos que a primeira flecha não precisa necessariamente ser seguida da outra. Viktor Frankl escreveu que tudo pode ser tirado de nós, menos "a última das liberdades humanas – escolher sua atitude em qualquer dado *set* de circunstâncias, escolher seu próprio caminho."[14] Você pode distinguir entre a sensação de dor e a história que a envolve e amplifica? Tente dizer a si mesmo, da próxima vez que sentir dor: "Eu estou sentindo dor, mas não estou em sofrimento." Veja se ajuda lembrar-se de não amplificar a dor, construindo uma história em torno dela.
A ciência nos diz que a dor é feita de elementos de não dor. Temos sensações como duração, intensidade e cadência, e nosso cérebro faz o resto, interpretando estas sensações como dor e criando a história que vem junto com ela. Mas a dor realmente não tem nenhuma bondade ou maldade inerente. É a história que contamos a nós mesmos sobre a dor que cria o sofrimento. E embora nossos cérebros frenéticos possam nos dizer o contrário, a dor muda de momento a momento e não dura para sempre. Mesmo uma grande dor é impermanente. Mais importante, ela não é quem realmente somos.
Se você já teve uma prática de meditação baseada na imobilidade, sabe que trabalhar com a dor pode ser um caminho para

---

14 FRANKL, Viktor E. *Em busca de sentido*. Trad. Ilse Lasch. Boston: Beacon Press, 1959. p. 9.

fortalecer o desenvolvimento espiritual. Manter seu corpo imóvel por muitas horas significa inevitavelmente que você irá encontrar o desejo de se mover, porque está genuinamente desconfortável. Talvez seja apenas um pequeno incômodo físico, uma cosquinha no ouvido, ou talvez seja uma dor que queima seu joelho. Talvez as costas estejam pegando fogo ou o estômago não se aquiete e você queira vomitar. Qualquer que seja a localização e a escala da dor ou sentimento de doença, a sensação de desconforto instiga você a se mover, a tentar se afastar dela, a criar uma distância entre você e ela, a achar um jeito de solucioná-la o quanto antes. É por isso que muitas práticas de meditação oferecem instruções sobre como lidar com a dor quando ela chega (e é por isso que muitas práticas neste livro, como *tonglen* e atenção plena nos ensinam como trabalhar com a dor). A dor é parte do drama de ser um humano, e como a abordamos é essencial para o nosso viver e morrer.

Se explorarmos a dor com uma sensação feita de elementos de não dor, podemos chegar a um lugar onde não nos sintamos tão preocupados quando estamos em dor. Talvez tenhamos descoberto a impermanência, notando que a dor está sempre mudando, de um jeito ou de outro. Talvez nossa dor tenha nutrido a compaixão dentro de nós, conforme percebemos que muitos outros têm dores como a nossa. Podemos até mesmo olhar para nossa dor como um presente que nos ensina a paciência, nos dá força para aguentar, nos torna mais atentos e nos lembra de que nosso tempo de vida é finito e nossa conexão com a vida é frágil. Ou a ponta afiada da dor corta nossa sanidade, separando-a de nós, e nos tornamos sua vítima.

Não podemos nos julgar a partir de como respondemos à dor. Os aparentemente corajosos dentre nós podem ter engolido o medo em segredo. Aqueles de nós mais sensíveis à dor podem não ser capazes de suportar por muito tempo.

Podemos ter a coragem de abrir mão de nossas histórias sobre a dor, de experimentá-la plenamente, sem deixar voar aquela segunda flecha do sofrimento? O professor tibetano Tulku Thondup usa uma maravilhosa imagem para descrever como é quando abrimos mão de nosso rigoroso controle sobre a dor e o sofrimento. "Estar livre deste estado", ele diz, "é como ser um paraquedista, dançando no céu, mesmo se cai em direção à terra". Tulku Thondup diz que o truque é relaxar e deixar ir.

Você provavelmente deve estar pensando: "Tudo bem, mas como devo fazer isto?" Francamente, o que tem que acontecer é que nós de algum modo encontremos a coragem de desistir de nossas ideias fixas – mesmo sobre algo aterrorizante como a dor. Por mais assustador que isto soe, precisamos parar de nos segurar e, no lugar disso, nos mover gentilmente adiante, em direção aos braços da dor. Temos medo de ficar sobrecarregados por ela; temos medo de que ela nos devore. Mas, quando a dor é realmente grande, podemos nos sentir tão desesperados em lidar com ela que nosso desespero gera a coragem de que precisamos para ir ao seu encontro.

No meio da noite, talvez a dor de um membro ou útero fantasma roube o seu sono, ou talvez um tumor pressionando contra os nervos do abdômen pareça que vai consumi-lo com seu fogo. Nesse momento, quando seu mais bravo coração dá um passo à frente e diz "OK, vou tentar experimentar isto também", você está deixando a dor ser sua professora.

Mas o que você normalmente faz quando sente dor? Você tem medo dela? Tenta escapar dela de formas não saudáveis? Dá muita importância a ela? Costuma ficar ansioso quando se depara com a dor? Você se encontra preso no passado, lembrando de todas as suas antigas dores ou antecipando um futuro cheio de dor? Ou você aceita sua dor, fazendo dela uma amiga? Você usa a dor como um meio de aumentar sua resiliência, sua força? Aproveita a oportunidade, quando está sentindo dor, de expor seus sentimentos para outros que sentem dor como você? Você é capaz de viver com sua dor com equanimidade? Pode tornar sua dor um ensinamento sobre impermanência e uma base para a força e a compaixão?

Às vezes é eficaz nos afastarmos da dor. Talvez a dor não seja merecedora de nos envolvermos com ela. Nós deveríamos então apenas liberá-la ou ignorá-la. Dar a ela muita atenção pode aumentá-la e criar um problema desnecessário. Ou nós podemos não ter os recursos mentais ou energéticos para lidar com ela – estamos sensíveis demais, cansados demais ou amedrontados demais. Nesses momentos, normalmente, é melhor focar nossa atenção em alguma outra coisa, algo curativo, atraente ou agradável. A distração pode ser tão eficaz quanto a atenção quando a dor se torna esmagadora.

Quando nos sentirmos mais fortes, tivermos o tipo adequado de apoio ou tivermos dinamismo mental, comprometimento e resiliência, podemos ter a força para lidar com a dor diretamente e experimentá-la plenamente. Isto pode nos curar, nos humildar e construir compaixão dentro de nós. Encarar a nossa dor pode diminuir a experiência negativa da dor, enquanto aprendemos sobre ela e a observamos mudar, e conforme as emoções intensificadoras da experiência de dor se retiram.

Ainda assim às vezes não conseguimos transformar a dor através da prática ou de estratégias psicológicas. Isto é assim mesmo e precisamos ser realistas e sensíveis ao fato de que a dor pode ser um obstáculo à nossa prática e à nossa vida.

Crescentemente, abordagens espirituais e psicológicas da administração da dor são usadas junto com a medicação para reforçar o efeito das drogas e ajudar as pessoas que estão morrendo a relaxar. Atualmente há muitas boas medicações que podem tornar possível controlar a dor efetivamente sem diminuir a consciência. Venho mencionando isso desde que encontrei pessoas com base espiritual, que retiveram os remédios para o alívio da dor de seus parentes porque acreditavam que a dor era um processo de purificação e se preocupavam que a medicação pudesse nublar a mente da pessoa que estava morrendo, ou estavam preocupados sobre vício. Minha abordagem é bem prática e apoia juntar os dons da moderna medicina com as estratégias hábeis da psicologia e da espiritualidade.

Pensando sobre isso, certa vez perguntei a Sua Santidade, o Dalai Lama, sobre o que fazer quando a dor não pode ser trabalhada por meios espirituais e psicológicos, e ele foi enfático em dizer que deveríamos sempre fazer o melhor que pudéssemos para ajudar a aliviar a dor e o sofrimento, fosse com a moderna farmacologia ou com meditação e compreensão. Isto era simplesmente ser compassivo, ele afirmou. Tive que concordar, quando lembrei de uma amiga próxima que estava morrendo de câncer pélvico e no fim pediu sedação paliativa. Sua dor não se parecia com nada que eu já tivesse testemunhado. Nada podia se aproximar de sua intensidade. Ela a suportou com graça e fúria. E, no final, levou-a ao seu limite e além dele. Conforme morria, ela exortou seus cuidadores para sedarem-na de sua dor. Houve uma pausa e então um misericordioso consentimento de todos à sua volta.

Perguntei a Sua Santidade se ele pensava que a mente corria algum risco quando drogas potentes fossem usadas para ajudar a aliviar a dor severa. Ele disse enfaticamente que, mesmo que as medicações obscureçam a mente, a base da mente mesma não é afetada. Intocada pelos condicionamentos ou químicos, a base da mente é o que é liberado no momento da morte. Se o falecido teve uma forte prática em vida, então o caminho é claro para se unir com a natureza da mente no momento da morte, não importa que medicamentos tenham sido usados.

Às vezes sentar-se com pessoas que sentem dor é muito difícil de aguentar, como na situação de nossa amiga com câncer pélvico. Nós, cuidadores, tivemos que olhar bem de perto para nossa motivação em apoiar seu desejo de ser sedada. Era nossa intolerância ao sofrimento que estava empurrando a decisão ou o respeito pela necessidade de nossa amiga de ser liberada de sua agonia? Havia alguma outra estrada a tomar, além do caminho da sedação? Poderíamos sustentar a presença incondicional para ela depois de ela ter sido sedada? Deveríamos apoiar sua decisão? Nestes tipos de situação, queremos muito fazer algo. Podemos nos sentir inúteis, desolados, com raiva e confusos. "O que realmente podemos oferecer?", perguntamos. O tesouro do qual muitos de nós nos esquecemos é nossa presença. Geralmente não há nada a fazer a não ser encarar a dor exatamente como ela é – ou, no caso da amiga com câncer pélvico, apoiar sua decisão de receber analgesia e então sentar com ela conforme ela deslizava numa correnteza invisível para a morte.

Lembrando de nossas costas fortes e frente suave, podemos oferecer equanimidade e compaixão – e nossa habilidade de comparecer para o sofrimento também pode ajudar o sofredor a estar presente. Também é importante abrir mão de esperanças e expectativas por um resultado particular. E, mais ainda, aprendi que meu apego a um assim chamado bom resultado pode na verdade causar mais sofrimento.

Quando visito alguém que está morrendo, quero fazer de tudo o que posso para aliviar sua dor e sofrimento. Às vezes descubro que posso fazer algo para ajudar: palavras gentis, meditação, toque físico, apoio para a correta intervenção médica, ou simplesmente testemunhar e estar presente. Mas talvez não haja nada que ajude. Os sofrimentos físico e mental são tão grandes que esmagam todas as opções. Preciso respeitar a verdade desta experiência, aceitá-la, ser penetrada por ela, estar presente para minhas próprias respostas e então lembrar que o sofrimento e a dor são transitórios. Se eu olhar fundo o suficiente, no meio da desgraça há um reino incondicionado onde o sofredor está livre de sua miséria. Fazendo isto, eu modelo as qualidades inclusivas e pacientes do coração e da mente que espero que sejam nutridas nesta pessoa que está sofrendo. Fugir de seu sofrimento envia a mensagem oposta e, infelizmente, isto é o que frequentemente acontece. O medo toma conta e a compaixão se atrofia.

A visão de duas flechas é também outro paradoxo da presença no morrer. Eu tento me abrir tanto para o sofrimento quanto para a sua liberação. Se vejo somente o sofrimento, então sou capturado na natureza relativa da existência: nós não somos nada além de sofrimento. Mas se vejo apenas o puro e vasto coração, então estou negando nossa experiência humana. Veja se você pode encontrar novas maneiras de olhar para a dor que a tornem sua aliada, não sua inimiga. Torne-se amigo de sua dor, os professores dizem. Tente alcançá-la. Veja do que ela precisa; você pode não saber o que fazer, mas sua dor talvez saiba. Dê espaço a ela. Não a irrite. Seja um bom ouvinte para ela e tente não rejeitá-la. Veja o que ela quer lhe ensinar. E pratique, se puder, separar a dor de quaisquer histórias sobre ela, de modo que a primeira flecha da dor não precise necessariamente ser seguida pela segunda flecha do sofrimento.

MEDITAÇÃO
Encontrando a dor

PARTE UM: TRATANDO A DOR

Ao estarmos conscientes da dor sem adicionar pensamentos ou histórias, frequentemente descobrimos que a dor transforma e até mesmo libera a si mesma. Trabalhando com a mente, muitas pessoas descobrem estratégias que previnem a dor de alcançar tamanha intensidade que tenha que ser tratada com remédios convencionais. Uma amiga pintou sua dor. Outro colocou sua dor na música. Outro escreveu sua dor. Mesmo que a dor tenha alcançado um certo limiar, medicamentos podem sustentar a vida e apoiar profundamente uma morte suave. Um bom controle médico da dor, junto com apoio espiritual e psicológico, pode tornar possível para um indivíduo experimentar a morte ativa com menos obstáculos à mente.

A seguir estão várias práticas que têm sido usadas para transformar a ponta afiada da dor. Primeiro, lembre-se por que você está praticando: para ajudar os outros e a si mesmo. Deixe seu coração se abrir para essa possibilidade. Então, gentilmente, traga sua atenção para sua respiração. Deixe a respiração se acalmar e se tornar uniforme e regular. Leve o tempo que precisar.

Agora traga sua respiração profundamente para dentro do seu corpo. Suavemente deixe sua atenção se fundir com sua respiração, enquanto seu corpo se aquieta. Quando inspirar, deixe a respiração nutri-lo. Quando expirar, suavemente solte o som "ah", como se estivesse suspirando. Continue fazendo isto por pelo menos dez respirações.

Com sua mente, explore a sensação de dor. Ela é afiada ou frouxa, pulsante ou penetrante? Ela é focada ou se espalha a partir de sua fonte? Explore a sensação, a intensidade e a qualidade da dor. Sinta-se curioso sobre sua exploração, não a julgando ou temendo-a, se possível. Dê a si mesmo tempo para realmente explorar sua dor.

Por fim, traga sua atenção suavemente para todo o seu corpo. Descanse tranquilamente com a sensação do seu corpo. Agora leve sua atenção ao seu entorno. Aceite o que quer que sua experiência possa ser. Quando você estiver pronto para completar a prática, envie para os outros o que quer que tenha surgido de bom.

As frases seguintes são de grande ajuda para apoiar sua prática de estar consciente da dor:

- Que eu encontre os recursos internos para estar aberto à minha dor.
- Que eu me volte para minha dor com gentileza.
- Que eu observe minha dor com equanimidade.
- Que eu perceba que esta dor não é permanente.

- Que eu abra mão de minhas expectativas acerca de minha dor.
- Que eu saiba que não sou a minha dor, nem o meu corpo, nem a minha doença.
- Que eu aceite a dor, sabendo que ela não me torna mau ou errado.
- Que eu aceite minha dor, sabendo que meu coração não é limitado por ela.

PARTE DOIS: A DOR E OS ELEMENTOS

Tome consciência de todo o seu corpo e deixe-o se aquietar. Aceite o que quer que sua experiência possa ser. Esteja com seu corpo conforme você inspira e expira. Considere isto: seu corpo é composto de terra, água, fogo, ar e espaço.

Contemple o elemento terra. Sinta a solidez e a força da terra. Agora sinta a solidez do seu corpo e o elemento terra no seu corpo. Sinta seus ossos, seus tecidos. Seu corpo é sua casa. Sinta-se bem recebido por seu corpo. Convide sua mente a se sentir em casa com seu corpo.

Contemple o elemento água. Sinta a fluidez da água e o poder de aceitar qualquer coisa e purificar. Sinta o elemento água de seu corpo: sangue, urina, muco, fluidos generativos e fluidos linfáticos. Perceba o sentido de fluxo no seu corpo. Sinta o poder do seu corpo de purificar. Deixe sua mente se aquietar e ser como um lago tranquilo.

Contemple o elemento fogo. Sinta a energia do fogo para dar calor e luz, para amadurecer e curar. Sinta o poder do fogo para transformar. Sinta o elemento fogo no seu corpo. Esteja em contato com o calor de seu corpo e sua capacidade digestiva. Deixe o elemento fogo abrir a mente para sua própria luminosidade.

Contemple o elemento ar. Sinta o poder do vento na sua respiração. Sinta o elemento ar no seu corpo. Perceba a leveza e a força do vento no seu corpo. Deixe o elemento vento trazer claridade para sua mente. Contemple o elemento espaço. Sinta a vastidão do espaço. Deixe-se experimentar a abertura de sua própria natureza. Dê a si mesmo lugar para experimentar o espaço sem limites. Deixe que o elemento espaço crie lugar dentro de você para a paz. Agora traga a atenção para sua dor. Deixe o elemento terra lhe dar tolerância para com a sua dor. Deixe o elemento água absorver sua dor. Deixe o elemento fogo transformar sua dor. Deixe o elemento ar soltar a sua dor. Deixe o elemento espaço dar lugar a sua dor.

9

OFERECENDO O DESTEMOR
Transformando veneno em remédio

Por que nós sempre seguimos a primeira flecha da dor com a segunda flecha do sofrimento? Vimos como dor e sofrimento são diferentes, e que um é a história sobre o outro; mas se o sofrimento segue surgindo – e ele certamente parece surgir – então o que é que conduz as histórias sobre nossa desgraça e pesar? A Roda da Vida tibetana oferece uma colorida imagem folclórica que ilustra como nós somos pegos nas garras de nossas inúmeras armadilhas mentais. Nas desagradáveis garras com unhas do Senhor da Morte, uma roda se mantém girando e girando. No centro da roda, propelindo seu eixo, estão três animais: um galo, representando a ganância; uma cobra, que é responsável pela raiva; e um porco, que representa a ignorância. No budismo, ganância, ódio e delusão são chamados de os três venenos, e Buda ensinou que são precisamente estes três estados autocentrados que alimentam nosso sofrimento.

A partir de sua experiência direta, Buda viu que uma mente ávida, raivosa ou confusa tem pouco ou nenhum senso de conexão com outros seres. Este tipo de mente está ocupada de si mesma, envolvida consigo mesma e presa na armadilha do narcisismo, preferências e autorreferências. Ele também percebeu que nossa firme crença em nossa própria identidade nos leva a tentar mudar ou consertar os seres e coisas à nossa volta, criando uma atitude de posse, um reino de possessões e uma mente possuída por sua separatividade e senso de ser especial. É isto que torna o morrer difícil, o cuidado cansativo e o luto prolongado. Se as raízes do sofrimento são os três venenos da paixão, agressão e ignorância, então a raiz mestra do sofrimento é nossa experiência de medo – um medo baseado na necessidade de preservar nosso senso de uma identidade fixa e separada. Perguntamos, então, podemos realmente acabar com o sofrimento? Existe um caminho que pode nos ajudar a transformar nossos venenos nos remédios da generosidade, clareza e ausência de medo? Como podemos desenvolver misericórdia e experimentar a ausência de limites e o alívio da liberdade, mesmo na presença da morte? Uma vez ouvi um professor tibetano dizer que o sofrimento também tem qualidades benéficas: ele pode nutrir nosso anseio por liberdade. Então ele foi adiante para dizer que nossa compaixão é inflamada quando estamos na presença do sofrimento dos outros.

Em meio a seu próprio sofrimento, Buda aprendeu como transformá-lo, essencialmente despertando para o que é real, o que é verdadeiro. Ele não evitou sua própria desgraça ou a dos outros. Viu que na bagunça de nossa miséria muitos dons podem ser descobertos, incluindo o dom da misericórdia. O sofrimento trouxe-o mais perto do coração de sua vida espiritual. E o sofrimento o levou à liberdade.

Uma velha piada diz: "Religião é para pessoas que têm medo do inferno; espiritualidade é para pessoas que passaram pelo inferno". Buda atravessou o inferno. Muitos de nós passamos por alguma versão do mundo inferior e, por incrível que pareça, geralmente nos tornamos melhores por ter atravessado essas dificuldades. Mesmo a teoria da complexidade ilustra essa verdade – sistemas vivos tornam--se mais robustos quando se quebram e então aprendem a consertar a si mesmos. Você e eu estamos mais robustos pelos desafios que encaramos. Mas é preciso muita coragem para fracassar e fracassar, coragem para deixar ir em direção ao não saber e abrir mão do nosso apego a um bom resultado. E isto é particularmente desafiador, se somos cuidadores. Nós estamos ali para ajudar. Então como podemos ajudar e abrir mão de qualquer ganho ao mesmo tempo?

Acho que é importante lembrar que Buda era simplesmente um homem que olhou diretamente para o sofrimento e a morte e deixou esses dois guiarem-no para uma vida mais significativa e mais misericordiosa. Outros fizeram o mesmo. Buda parece ter sido um ser humano muito corajoso. Podemos ser corajosos também. O que ele passou não está muito longe do que eu e você experimentamos em nossas vidas.

Se Buda tivesse sido um deus, ou divino, ou cheio de conhecimento inerente, ou completamente abençoado, provavelmente não teria deixado o lar e embarcado na sua difícil busca espiritual. Como muitos de nós, ele perseguiu uma busca por significado e despertar e, no decorrer dela, sofreu mais ainda. Ele se sentou no fogo e, como o metal de uma fina espada, foi fortalecido através do encontro com as energias elementares.

Consciente de seu próprio sofrimento e do sofrimento dos outros, ele percebeu que é essencial estar em contato com a verdade de que existe sofrimento nesta vida; também viu que existe um caminho através do sofrimento e uma pessoa pode se libertar do sofrimento. Ele viu isto da perspectiva de ter confrontado suas dificuldades, não tendo fugido delas. Parece que a maturação não é um processo fácil para a maioria de nós, nem mesmo para um Buda.

E, sim, o sofrimento é uma espada que corta dos dois lados: ela pode nos libertar ou nos levar a um bloqueio. Quando estamos morrendo, cuidando ou vivendo o luto, se corremos do sofrimento para lugar algum ou para a compulsão – seja hiperatividade, drogas, comida, sexo, comprar ou mesmo dormir – apenas seremos conduzidos para uma confusão mais profunda, tornando mais difícil ainda ver o que realmente está acontecendo. É por isso que caímos fora da correria de nossas vidas periodicamente, para lembrar quem realmente somos. Parar para investigar a mente e o coração é essencial em nosso trabalho de cuidado e na presença no morrer.

Existe um estado mental básico que é livre de todas as dualidades e que não exclui nada. Esta experiência mental traz à nossa percepção a presença de nossa verdadeira natureza: a natureza de Buda, a natureza de Cristo, o grande coração que está além de todo pesar. O budismo ensina que essa natureza básica da nossa mente é pura e luminosa. Quando morremos, é isso que é liberado primeiro na clara luz da morte.

Da perspectiva de muitas tradições de sabedoria, a morte é vista como o momento crucial para a completa liberação da mente de todos os apegos, todos os pesares, toda separatividade. Se olharmos profundamente, podemos ver que o sofrimento e a liberação do sofrimento estão embutidos um no outro. Na aparente escuridão da morte repousa a luz da liberdade, se pelo menos pudermos percebê-lo. Nossa prática e nossas próprias vidas também estão onde podemos ver a luz da liberdade.

Imagine-se sentado ao lado de alguém que está morrendo, alguém com uma dor insuportável; ou talvez você seja esta pessoa: uma pessoa em intenso desconforto, uma pessoa morrendo. Imagine você realmente se permitindo abrir-se para os sentimentos que possam estar presentes nesta situação. Agora, olhe através da dor para a profunda base do ser, aquele coração inabalável onde todas as categorias, dualidades, apegos, delusões e desgostos nunca estiveram. Veja a sua natureza, ou a da pessoa, livre de toda dor – e, ao mesmo tempo, esteja presente com a verdade do sofrimento.

Podemos ver duas coisas no mesmo e único momento, como ver que a onda e a água não são separadas? Talvez, mesmo se não pudermos sentir a verdade disto exatamente agora, podemos ter fé de que é assim. Quando somos capturados nas rígidas garras da infelicidade, isto é quase sempre difícil de fazer. Podemos nos ajudar lembrando o que entendemos dos ensinamentos, leituras ou de nossos mais profundos *insights*. Lembrando que a verdade, quando você não pode experimentá-la no momento presente, pode ser uma corda de segurança amarrando-nos perto do nosso coração aberto.

Outro modo de começar a ver com uma visão não dualista é considerar sua própria vida. Você existe somente através de uma vasta rede de interconectividade. Há os seus ancestrais e os seus pais; então todos os seus relacionamentos, desde a sua família e comunidade até a comida que você come e o ar que você respira. Você se relaciona com literalmente tudo no mundo fenomênico, no passado, no presente e mesmo no futuro.

Você é a própria não dualidade por causa desta ilimitada rede sem fronteiras que se trama através de toda sua vida e da vida de todos os seres e coisas. Tudo o que acontece na sua vida acontece por causa da realidade da interconexão. Você e eu não temos um *self* separado e inerente. Existimos apenas através de nossas conexões com cada uma das coisas. E, do mesmo modo, também não podemos separar vida de morte ou sofrimento de liberdade.

Mesmo que possamos ser capazes de compreender isto logicamente, devemos provar a experiência da liberação por nós mesmos para tornar esta verdade real. Buda sabia que o sofrimento não podia ser transformado, dizendo a alguém como fazê-lo. Ele mesmo sentou-se debaixo de uma árvore por um longo tempo e fez o voto de não deixar aquele lugar até que visse a verdade. Estava determinado e comprometido.

A realização acontece através da experiência direta. Como a maioria de nós ainda não saboreou a real liberdade, é importante ter fé de que a liberação do sofrimento é possível. Uma fé como essa não é uma ideia, mas uma experiência. É um tipo de anseio brilhante que vem de um lugar bem profundo em nós mesmos, que sente o mistério da ausência de fronteiras. A fé nos ajuda a parar e olhar profundamente.

Eu me lembro da primeira vez que li o conto de Leon Tolstoi, "A morte de Ivan Ilych".[15] Eu tinha fé nas palavras de Tols-

---

15 TOLSTÓI, Leon. *A morte de Ivan Ilitch e outras histórias*. Nova York: Penguin, 1960.

toi, e aquela fé me forçou a parar e olhar mais profundamente para minha própria experiência e para minha mente. O fim do conto retrata uma inesperada liberação no momento da morte. Ivan, o miserável protagonista de Tolstoi, move-se lentamente em direção à sua morte em um estado de depressão e negação. Sua família está infeliz e distante e ele mesmo não parece ter a menor ideia. Logo no limiar da morte, Ivan parece estar num estado de absoluta miséria para todos a sua volta. Mas Ivan está na verdade tendo realização após realização.

Primeiro ele abandona sua experiência de dor; a dor o abandona e ele realiza: não há dor. Então ele atravessa a porta da morte apenas para realizar: não há morte. Para o deleite do leitor, no ponto imortal da morte, ele funde com aquela clara luz. "Que alegria!", ele exclama internamente, ao mesmo tempo que alguém ao lado de seu leito diz: "Está acabado."

Quando me sento com uma pessoa que está morrendo, ou alguém aprisionado no punho apertado da dor ou do sofrimento, posso esperar que ele será libertado da dor e do sofrimento, viver mais e morrer bem; ou posso temer a possibilidade das dores futuras e do sofrimento que ele possa ter que suportar. Então preciso parar, me dar algum tempo e espaço para deixar irem minhas esperanças e então reconsiderar. Desejo o melhor para ele e farei o meu melhor por ele, e também me lembro de que a morte é inevitável e talvez para o meu paciente, como Ivan Ilych proclamou, não haja dor, não haja morte. Eu realmente não posso saber. Então sento-me com as duas verdades: a verdade do sofrimento e a verdade da liberação do sofrimento. E tento estar aberta ao que "quer" acontecer.

Também observo minhas prioridades mudarem ao considerar a preciosidade da vida neste momento. Considero o que é realmente importante fazer ou não nesta situação particular. Não rejeito o sofrimento, meu ou do outro, pois ele traz muitas coisas para mim, desde a compaixão até um senso de imediatismo. A fé na bondade fundamental é também o bote que me carrega por sobre as águas do infortúnio. Esta fé me traz de volta, de novo e de novo, para a costa ilimitada do não saber.

Certa vez sentei-me por muitas horas com uma amiga que estava morrendo de câncer. Ela havia estado doente por anos e o câncer havia-se alimentado de sua região abdominal. Esta foi uma experiência forte para mim. Havia momentos em que o cheiro de seu corpo era tão pungente que era difícil para as pessoas entrar no seu quarto.

Esta mulher era extremamente gentil com seus visitantes, sempre perguntando: "Como vai você? Você precisa de alguma coisa?" Particularmente perto do fim de seus dias, quando o fio que a atava à vida era tão fino que se desgastava a cada respiração, sentada naquele quarto com seu corpo se decompondo, a respiração irregular, a pele de um amarelo acobreado, eu senti o mundo inteiro presente. Tudo estava ali; nada havia sido deixado de lado. Seus bons trabalhos estavam ali, e sua raiva e angústia também. O sofrimento de muitas mulheres estava ali, e também estavam a coragem e a compaixão das mulheres. O medo estava presente, e também o destemor.

O sofrimento pode dar nascimento a uma maior perspectiva e resiliência e, estranhamente, é a mãe da gentileza e compaixão, se nos voltarmos para ele com abertura, fazendo dele um amigo. O sofrimento nos contorce, deixando a trama da nossa vida mais aberta. Nessa abertura, frequentemente podemos estar com ele de um modo maior, mais gentil e mais suave. O sofrimento também é o graveto que inflama a compaixão. Isso tudo pode se desdobrar tão lentamente quanto o tempo geológico ou ser como uma faísca de relâmpago. Entretanto, compaixão, bondade, alegria altruísta e equanimidade já estão dentro de nós. Nossas circunstâncias as despertam em seu próprio tempo.

No *Phaedo*, de Platão, Sócrates disse: "Verdadeiros filósofos fazem da morte e do morrer sua profissão". Acho que nosso grego queria dizer que deveríamos praticar morrer com cada respiração e estudar o morrer em todos os nossos momentos. Eu também penso que aquele terrível aperto no coração que sentimos, quando encaramos o desconhecido pela primeira vez, é o momento em que nosso horizonte começa a se expandir, atravessando os limites do sofrimento. Uma só pessoa, vendo tanto o pesar quanto o grande coração de quem realmente somos, pode abrir os olhos cerrados e deixar a luz brilhar mesmo antes do momento da morte.

Até um dia antes de morrer, meu pai nos disse a verdade com seu humor seco. Uma manhã, quando eu me sentava a seu lado, ele disse: "Bem, criança, parece que eu vou morrer". Eu me aproximei, coloquei minha mão sobre a dele e disse, baixinho: "Acho que você está certo." Quando olhei dentro dos seus olhos azuis, vi uma onda de apreensão passar por ele. Então ele brincou: "Bem, já está na hora." Nós sorrimos um para o outro, enquanto cada um via a verdade naquilo que o outro havia dito. Então nos sentamos juntos, em silêncio, pelo resto da manhã, seus olhos cheios de paz e os meus, de gratidão.

No final, meu pai não estava com medo de morrer. Ele era uma pessoa corajosa e realista, com uma espiritualidade natural que o guiava. Conforme envelhecia e se aproximava da morte, a paz de espírito agraciou seus dias. Ele não se agarrou a nenhuma ilusão de solidez. Não resistiu aos muitos lembretes de sua própria impermanência nem se ilhou da verdade, esperando por um resultado particular.

Três dias antes de morrer, ele reviu sua vida com os filhos e netos. Não era uma tarefa fácil, já que sua revisão incluía terríveis experiências pelas quais havia passado na Segunda Guerra Mundial. Depois de suas revelações, ele parecia deixar ir e relaxar na ausência de chão. Havia encarado seu sofrimento e então ultrapassou aquilo que já havia ficado para trás pela estrada que o levava para o destino que chamamos morte.

O sofrimento geralmente nos empurra para o caminho espiritual. Frequentemente é preciso um acidente, um diagnóstico catastrófico, um desastre ou uma grande perda para nos abrirmos. Então, quando começamos a explorar a verdade do sofrimento, quase sempre encontramos dentro de cada veneno o néctar da sabedoria, bondade e amor. Mas precisamos primeiro descartar a crença de que podemos fazer nosso sofrimento desaparecer. Ao invés disso, aprendemos a ficar com ele. Então nos tornamos curiosos sobre ele. Esta é uma mudança fundamental de atitude: aceitamos nosso sofrimento e nos determinamos a ajudar a nós mesmos, investigando sua causa. Somos forçados a deitar no que o poeta Yeats chamou de "a imunda loja de quinquilharias do coração." É aí que a maioria de nós começa a jornada para casa – entre os trapos e ossos de nossa suave e terrível fragilidade.

A seguinte prática de *tonglen*, ou dando e recebendo, desenvolve nossa habilidade de estar presente no morrer e no sofrer e de nos abrir para a vastidão de nossa natureza original. A grande gentileza dessa prática rara libera todo nosso ser para a presença esmagadora do sofrimento, cultiva nossa força e determinação para transformar a alienação em compaixão e é uma das mais ricas e corajosas práticas que podemos fazer. Esta técnica ajudou incontáveis pessoas que estavam morrendo, famílias e cuidadores profissionais a presenciar seus próprios medos acerca da dor, do morrer e da perda, e lhes deu uma base real para a junção de compaixão e equanimidade. Esta é uma das grandes joias da meditação, que oferece um meio de nutrir a energia natural da misericórdia e da bondade fundamental.

Podemos descobrir que, quando repousamos na bondade fundamental, a ignorância e a confusão são apenas o outro lado da moeda do não saber. Quando paramos de direcionar a agressividade para os outros e para nós mesmos, a nitidez da raiva nos habilita a olhar sem medo para as coisas como elas são. E, abrindo do mão de nosso desejo pelas quatro armadilhas da confirmação, conforto, consolação e segurança, então o anseio se transforma em um compromisso de se engajar com o mundo. Isto é verdadeiramente oferecer o destemor.

MEDITAÇÃO
Dando e recebendo através de *tonglen*

Para começar esta prática, sente-se em postura de meditação, relaxe numa cadeira ou deite-se, de maneira que você possa estar relaxado e aberto. Gentilmente feche os olhos e deixe seu corpo e mente se aquietarem. Você pode dizer a seguinte prece, para ajudar a prepará-lo para a prática:

> Tendo reconhecido a futilidade de meu egoísmo e o grande benefício de amar os outros, possa eu trazer todos os seres para a alegria. Possa eu enviar todas as minhas virtudes e felicidades para os outros através da força de minha prática, e possa eu receber o sofrimento e as dificuldades de todos os seres em todos os reinos.

Comece por inspirar o que quer que você esteja sentindo – medo, agitação, raiva, resistência. Na expiração, aceite o que quer que esteja presente para você neste momento, dando-lhe espaço para simplesmente ser. Faça esta prática de respiração até que você esteja calmo e alerta.

Quando se sentir acomodado, comece o segundo estágio da prática, que é estabelecer um ritmo de respiração. Na sua inspiração imagine que você está inalando um ar pesado e quente. Na sua expiração visualize-se exalando um ar fresco e leve. Continue com este padrão – inspirando o peso e expirando a leveza – até que isto se torne familiar. O peso é o sofrimento; a leveza é o bem-

-estar. Então, vá mais longe e imagine que você está respirando por todos os poros do seu corpo. Na inspiração, o ar pesado e quente entra em cada poro. Na expiração, o ar fresco e leve flui de cada poro. Agora visualize um estojo de metal em volta do seu coração. Este estojo de metal é tudo sobre você que é difícil de aceitar: sua autoimportância, seu egoísmo, autoapreço, autocomiseração. É a atadura do medo que endurece nosso coração.

Tonglen convida-o a dissolver este estojo e abrir o coração para o seu estado natural e sem julgamento de aconchego, bondade e espacialidade. Você pode fazer isto visualizando o metal se quebrando em pedaços, quando a inspiração do sofrimento o tocar. Quando o coração se abre, o ar quente e pesado faz desaparecer seu espaço vasto. O que surge é a natural misericórdia. É esta qualidade de coração sem armadura que permite que você esteja com o sofrimento e ao mesmo tempo veja abaixo da superfície do sofrimento.

Traga sua mente para algum ser, vivo ou morto, com quem você sinta uma profunda conexão: um de seus pais, uma criança, um animal de estimação, sua avó, seu melhor amigo, seu amado professor – alguém que esteja sofrendo. Você faria qualquer coisa para ajudar esta pessoa. Esteja com ela e sinta o que ela está experimentando. Deixe todo seu ser se voltar para o sofrimento dela e para o seu desejo de que ele possa ser aliviado. Veja o quão vulnerável ela é. Como uma mãe, que fará qualquer coisa para ajudar o filho, você fará qualquer coisa para ajudar seu amigo.

Visualize o sofrimento deste ente amado como uma fumaça quente, densa e inspire-a por todo seu corpo. No instante em que a inspiração do sofrimento toca o estojo de metal do autocentrismo em volta de seu coração, o estojo se quebra e seu coração se abre. A fumaça quente instantaneamente desaparece no grande espaço do seu coração e deste espaço surge espontaneamente uma expiração de misericórdia e cura. Envie uma profunda, fresca, leve e espaçosa respiração curativa para seu amigo. Deixe a expiração fluir através de cada poro do seu corpo.

Deixe o sofrimento de seu ente querido lembrá-lo dos muitos outros que se encontram sofrendo do mesmo jeito. Este amigo é sua conexão com eles. Inspire o sofrimento. Deixe seu coração se abrir. Envie a cura para esta pessoa com sua expiração.

Para trazer a prática para sua própria vida, lembre-se de um tempo em que você estivesse em uma difícil situação. Você pode ainda estar segurando energia em torno desta dificuldade. Você pode ter sido ferido, estar se sentindo com raiva, deprimido, indignado ou amedrontado. Lembrando do sentimento o mais vividamente possível, inspire-o como uma fumaça quente, pesada, poluída. Abra mão de qualquer senso de acusação, qualquer objeto de acusação. Não fique envolvido com a história. Ao contrário, inspire o sentimento cru diretamente como a fumaça quente do sofrimento. Assimile-a através de cada poro do seu corpo. Tome posse do calor e da crueza dele completamente.

Esta prática requer muita coragem. Você pode se encontrar resistindo a inspirar o sofrimento. Se assim for, você pode inspirar sua resistência. Você pode inspirar a alienação, a piedade, o aborrecimento, a arrogância, a confusão, o luto ou o se agarrar – qualquer sabor de que o seu sofrimento do momento precise. Expire o senso de espacialidade, bondade e rendição que surge. Regue essas qualidades em si mesmo como uma chuva de frescor, cura, luz. Arejar o seu sofrimento ameaça o ego – aquele pequeno, apertado ego que habitualmente se agarra à raiva, à culpa e à vergonha como um meio de fortificar sua ilusão de solidez e separatividade. Não analise o que você está fazendo. Não tente entendê-lo. Não o justifique. Simplesmente faça a prática. Inspire a fumaça quente do seu sofrimento e expire o espaço compreensivo. Enquanto você inspira seu sofrimento viscoso, aposse-se dele completamente. Então expire a claridade e a rendição, o alívio e a bondade.

Agora imagine-se sentado com uma pessoa que está morrendo. Veja-a tão claramente quanto puder. Você está sentado em silêncio e pacificamente próximo a ela, seguindo sua respiração. Você vê que ela está sentindo dor. Você pode quase sentir a sua dor. Visualize o estojo de medo em volta de seu próprio coração, aquela grossa membrana que você usa para se proteger do mundo. Inspire a dor da pessoa como uma fumaça quente, encardida, através de cada poro do seu corpo. Deixe seu coração se abrir para sua dor. Agora libere a dor completamente enquanto expira bondade, dando a ela todo o bem que você tenha conhecido em sua vida.

Agora imagine que esta pessoa que está morrendo é você. Veja a si mesmo em um leito de hospital. Seu corpo se sente cansado e pesado. Você pode estar com medo. Inspire esse medo como fumaça quente. Deixe-o dissolver a rigidez em volta do seu coração. Sinta o seu coração aberto para sua grandeza natural. Então abandone a sua respiração completamente enquanto envia todo o bem do seu coração para o mundo.

Imagine que este é o momento da sua morte. Deixe o seu coração relaxar completamente e se abrir como uma flor, conforme você abandona sua última respiração, enviando o grande mérito de sua vida para todos os seres em toda parte. Dissolva a visualização e repouse seu corpo e mente em abertura e gratidão.

10
CUIDE DA SUA VIDA, CUIDE DO MUNDO
Vendo meus próprios limites com compaixão

Na presença no morrer, como nas moradas ilimitadas, somos solicitados a oferecer bondade amorosa não somente para aqueles com quem trabalhamos, mas também para nós mesmos. Assim como uma mãe pode cuidar melhor de seu filho depois de suas próprias necessidades terem sido atendidas, é crucial que reconheçamos nossos próprios limites com compaixão – do mesmo jeito que, numa pane de avião, somos instruídos a colocar a máscara de oxigênio em nosso rosto primeiro antes de tentar ajudar aqueles à nossa volta.

Manter nossa vida pessoal em ordem não é uma indulgência opcional, mas uma absoluta necessidade quando se trata de ser de utilidade para os outros no mundo. Não somos separados de tudo o mais; quando sofremos, outros sofrem. Nosso bem-estar é o bem-estar dos outros. Então arranje tempo para se conectar com seu coração, como diz o ditado zen: "e você cuida da sua mente, você cuida do mundo."

Quando você não vê a luz do dia em um mês, exceto pela curta caminhada entre sua casa e seu carro, quando você encontra louças na pia do último fim de semana e roupa suja numa pilha montanhosa, pare. Tire um tempinho. Arrume as bagunças, traga ordem para o caos ao seu redor e considere o que você pode fazer para trazer as coisas de volta ao equilíbrio. Especialmente quando trabalha com pessoas que estão morrendo, você precisa que seu lar seja um refúgio, um lugar onde possa descansar e restaurar a si mesmo, um santuário em que pode ficar nutrido e seguro. Se você tentar economizar, ignorando suas necessidades pessoais e domésticas, pode eventualmente pagar com a sua sanidade e saúde.

Além do seu lar literal, outro precioso lugar para se refugiar é numa prática de contemplação. Sem este lar interno – um lugar organizado em que podemos nos abrigar e fechar por um tempo a porta de todos os dramas dentro e ao redor de nós – nossas vidas serão limitadas pelo condicionamento que nos guia, sem o nosso menor conhecimento disso. Uma prática espiritual oferece um local concentrado, imóvel, no qual cultivar calma e bondade conosco mesmos e com todos os outros, e pode trazer *insight*, assim como renovação.

Eis alguns bons princípios do autocuidado:

- Veja seus limites com compaixão.
- Monte uma agenda que seja saudável.
- Saiba que práticas e atividades renovam você e arrume tempo para elas.
- Envolva-se ativamente, inclua e apoie outros cuidadores.
- Desenvolva um plano para fazer o seu trabalho de modo que seja atento, restaurativo, equilibrado e saudável.

Uma vez trabalhei com a enfermeira de um hospital que tinha dificuldade em cuidar dela mesma. Depois de conversarmos, sugeri-lhe bondade amorosa direta para aquelas partes de sua vida que pareciam mais sem importância. Isto era difícil para ela, precisamente porque se sentia pouco merecedora, mas finalmente ela concordou em praticar com a frase: "Eu me volto para o meu sofrimento com bondade." Quando nos sentimos psicologicamente empobrecidos, inicialmente não é fácil cuidarmos de nós mesmos. Mas, depois de um tempo, ela se sentiu capaz de acrescentar, "Que eu seja feliz." Então praticou inspirar e expirar, enquanto dizia estas frases para si mesma – de manhã ao acordar, enquanto dirigia para seu trabalho no hospital, enquanto caminhava do quarto de um paciente para o de outro, enquanto adormecia à noite.

Lentamente, conforme se sentia confortável enviando a si mesma bondade, ela começou a dizer estas frases enquanto estava de fato trabalhando com os pacientes. E, eventualmente, ela se sentia apta a voltar seu coração e sua mente para aqueles com quem trabalhava, enviando bondade amorosa para eles. Mas, muito antes de isso se tornar possível, sem nenhum esforço consciente de sua parte, seu espírito naturalmente começou a brilhar. O amor e interesse por seus pacientes brotaram de um lugar mais genuíno, um lugar que era bem descansado e repleto de autorrespeito. Sua prática fiel de autocuidado levou diretamente à sua maior disponibilidade como cuidadora.

Todas as tradições espirituais do mundo compartilham uma crença na importância de não prejudicar. Mesmo assim frequentemente esquecemos que não prejudicar não se aplica somente aos outros, mas também a nós mesmos. Você prejudica a si mesmo quando negligencia suas próprias necessidades, e causa danos a si mesmo ao ferir as pessoas através de sua autonegligência. Se realmente damos valor a esta preciosa vida humana que cada um de nós recebeu, então iremos cuidar dela, ajudando os outros indiretamente tanto quanto através de nosso serviço direto.

Um médico que conheci voltou sua atenção para praticar o autocuidado apenas quando se viu passando por um longo vale de depressão. Quando começou a ganhar peso, ter dificuldades para dormir e olhar para o mundo lá fora com olhos de desespero, pensou no que fazer. Ele se sentia capturado num seco, cinzento e empoeirado canto de sua mente, e começou a pensar que não merecia cuidar mais dos outros. Admitiu para mim, com grande honestidade, que mal podia tolerar seus pacientes e os via como um fardo. Ele tinha trabalhado muito duro, visto muito sofrimento, cuidado muito pouco de si mesmo e tinha uma grande dose de exaustão da compaixão. Ainda que nesse lugar emocionalmente desolado, de alguma forma sabia que sua dor não era permanente. Sabiamente reconheceu a tristeza e a fadiga pelo que eram: convites para desacelerar, para dar mais atenção à sua vida. Ele limpou seu calendário e, apesar de sua inércia dolorosa e agenda lotada, obrigou-se a ir numa viagem de duas semanas de caminhada nas montanhas do sul do Colorado.

Uma noite, durante o pôr do sol, no crepúsculo azul-avermelhado das montanhas San Juan, ele repentinamente começou a chorar. Nunca havia pranteado a morte do pai, ou chorado pelos muitos pacientes que havia perdido. A preciosa estrada para o luto havia-se aberto para ele naquelas montanhas. Com o rosto banhado em lágrimas, fez o voto de dar a si mesmo o tempo necessário para se voltar para o poço do pesar – o único jeito, em última análise, de recuperar seu coração de compaixão.

Muitos cuidadores profissionais experimentam esgotamento, quando suas instituições médicas os empurram. Você frequentemente vê cuidadores profissionais sendo financeiramente recompensados por fazer hora extra ou assumir o plantão noturno. E este tipo de excesso de trabalho inevitavelmente resulta no próprio entorpecimento, que torna quase impossível perceber as demandas e expectativas do trabalho disfuncional de uma instituição. Estresse, exaustão e anestesia tornam-se um ciclo vicioso no qual tanto os cuidadores quanto os pacientes – e em última instância, as próprias instituições – sofrem.

Cuidadores também se esgotam, quando acreditam que não fazem o suficiente por seus clientes, e compensam exageradamente em resposta a isso. Um trabalhador de um hospital que perde um paciente pode se sentir tão culpado que redobra seus esforços em nome de todos os outros clientes. Quando tal medo e culpa conduzem nossa ânsia de servir, eles têm o poder de nos destruir. No correr dos anos tenho encontrado muitos ex-profissionais de saúde que deixaram os empregos porque não sabem como quebrar o ciclo do excesso de trabalho ou estão exauridos por trauma secundário. Eles estavam simplesmente esgotados. Muitos de nós só percebemos nossos limites quando vamos muito além deles; um cuidador profissional pode já se ter perigosamente fatigado ou adoecido, quando enfim percebe que está esgotado. Nesse ponto, abandonar o trabalho de cuidador completamente é, na maioria das vezes, a única solução.

Cuidadores familiares também sofrem de esgotamento, assim como os profissionais. Os mesmos medo e culpa, somados a recursos financeiros inadequados ou insuficiente apoio da comunidade, podem derrubar o equilíbrio de um cuidador, que pode já estar se sentindo insuportavelmente sozinho no cuidado de seu ente querido, e podem levá-lo à depressão, à raiva, ao desespero e mesmo abuso ou negligência com quem está morrendo. Mas, se os cuidadores acharem meios de respeitar seus próprios limites, reconhecendo-os com compaixão e sensibilidade, podem oferecer uma assistência poderosa e amorosa na justa proporção de suas próprias prioridades.

Fiquei muito impressionada quando observei Michelle ajudando a cuidar de um homem que estava morrendo de AIDS e precisava de apoio físico e espiritual. Michelle gastava muitas horas por dia cuidando de algumas de suas necessidades básicas, incluindo cozinhar e limpar, dar banho nele e assegurar-se de que ele tomasse suas medicações. Seu companheiro também tinha AIDS, mas não estava tão doente.

A cada manhã, quando Michelle chegava, ela trazia um senso de ordem para a casa. Fazia as coisas mais simples tranquila e silenciosamente. Quando as tarefas práticas eram concluídas, sentava-se com o casal e os ouvia falar sobre suas preocupações. Então os três passavam algum tempo juntos, apenas ficando quietos. Ocasionalmente, eu também estava lá durante estes períodos silenciosos. A casa estava limpa e calma e nós quatro nos sentávamos na cama ou perto do homem doente, enquanto ele descansava. Depois de um tempo, Michelle saía, deslizando para fora do quarto sem dizer adeus.

Certo dia perguntei a Michelle como ela cuidava de si mesma. Ela disse que, em primeiro lugar, nunca ficava mais que três horas com seus amigos. Havia criado uma agenda salutar, na qual outros ficassem com os homens para que ela pudesse deixá-los quando chegasse a hora. Também tinha uma prática diária de meditação e exercícios e se assegurava de que tivesse bastantes horas de sono e refeições regulares. Sua serena, humilde presença, sem dúvida, contribuiu para o profundo sentimento de calma que cercava o lar deles.

O amigo de Michelle morreu primeiro, muito pacificamente; então era nosso trabalho apoiar seu parceiro através de seu luto e de seu próprio morrer, o que se seguiu alguns meses depois. Mais uma vez Michelle estava envolvida de um jeito amável e ponderado. Ela estava presente para aquela morte, junto com outros amigos – uma morte tão pacífica quanto tinha sido a de seu parceiro. A contribuição de Michelle para toda a situação foi profunda. Ela ajudou a criar uma atmosfera de sustentação da serenidade que tocou a todos. Seu jeito de cuidar dos outros era simples, limpo e inspirador. E ela fez isso tendo limites claros e uma agenda definida, congregando os outros para ajudar e tendo um cuidado bondoso e compassivo consigo mesma.

Michelle se conhecia bem. Ela queria dar a seus amigos o melhor cuidado possível e sabia que isto requeria desacelerar; então montou um sistema que funcionou para seus amigos assim como para os cuidadores. Ao trabalhar com alguém que está morrendo, ajuda estabelecer uma estratégia que construa, através da desaceleração, um ritmo de cuidado e autocuidado que nos permita estar completamente presentes ao invés de enforcados e estressados.

Como Michelle, nós precisamos de um plano razoável e responsável; sem um, podemos estar certos de que o autocuidado provavelmente ficará na parte de baixo da lista de prioridades. Quando treinamos cuidadores profissionais, pedimos a cada pessoa para criar um plano de como eles irão cuidar de si mesmos, quando voltarem para seus empregos – e alguns meses depois lhes enviamos uma cópia como um lembrete.

Uma ocupada enfermeira de Nova York criou o seguinte plano para si mesma e manteve uma cópia em sua geladeira de casa e em sua caixa postal, no trabalho, para que pudesse revisá-la regularmente:

Corpo: Alongar 15 minutos pela manhã ao levantar e à noite, antes de ir para a cama. Uma hora de aula de ioga na minha folga. Rápidas caminhadas na ida e na volta do trabalho, duas vezes por semana. Aula de dança aeróbica a cada duas semanas. Menos *junk food*! Comer com atenção plena. Comer alimentos saudáveis, em horários regulares de refeições e lanches. Tomar suplementos vitamínicos diários.

Mente: Cortar a televisão e o jornal matinal. Ler mais nos campos da psicologia, da filosofia, da espiritualidade e das terapias complementares. Procurar saber mais sobre enfermagem holística. Ir a um museu e ler um livro realmente bom pelo menos uma vez por mês.

Espírito: Investigar programas de redução de estresse baseados em atenção plena. Sentar silenciosamente depois do alongamento da manhã e da noite. Encontrar um grupo de meditação e participar pelo menos duas vezes por mês. Praticar meditação sentada e andando com os pacientes. Fazer um retiro uma vez por ano. Explorar tudo isso com os colegas.

Psique: Continuar a terapia. Começar um grupo de apoio a enfermeiros direcionado ao luto e ao esgotamento.

Social: Me divertir mais!

É claro, nosso próprio plano de autocuidado será diferente, dependendo da nossa personalidade, das necessidades e das circunstâncias; talvez você precise de mais lanches e menos leitura. Minha própria experiência tem sido que exercício vigoroso regular e uma forte prática de meditação são absolutamente essenciais para aterrar e estabilizar nossa energia, especialmente quando nos sentimos fatigados ou vulneráveis. Mas o ponto é ter um plano que funcione para você, incorporando ilhas de cuidado e nutrição durante toda sua vida. Encontre meios de se lembrar de fazer estas coisas para si mesmo e aprenda a perdoar-se quando falhar em se lembrar.

Uma assistente social me escreveu a seguinte nota, após o programa de treinamento profissional Being with Dying:

> Uma das mensagens que absorvi de nosso encontro foi focar mais em minha própria vida contemplativa, então venho construindo uma sólida e confiável prática de meditação... poderosamente simples e útil. Também venho comparecendo ao serviço de cuidados paliativos em meu hospital e diariamente pratico a arte da fala direta e do silêncio.

Também recomendo fortemente trabalhar com um parceiro. Todos nós precisamos de suporte e *feedback*, mas muitos cuidadores se encontram trabalhando sozinhos mesmo dentro de uma equipe. Trabalhar em duplas torna possível oferecer um tipo mais rico e flexível de suporte. Colegas de trabalho podem apoiar uns aos outros durante situações complexas, avaliar o trabalho um dos outros e fazer sugestões construtivas.

Quanto mais pacíficos e tolerantes os cuidadores sejam, mais úteis eles podem ser para as pessoas que estão morrendo. Então reconheça seus limites com compaixão; compartilhe sua alegria, estabilidade, força, abertura e humor; ajude a criar uma comunidade forte e solidária, e, acima de tudo, não negligencie a prática de autocuidado. Se você realmente quer cuidar do mundo inteiro, comece cuidando de sua vida.

MEDITAÇÃO
Cuidado ilimitado

Trazendo juntas a força da equanimidade e a ternura da compaixão, a coragem da presença e a abertura da entrega, as práticas a seguir podem nutrir uma saudável prática de cuidado ao oferecermos nossas vidas para o bem-estar dos outros. Na experiência de cuidar há um delicado equilíbrio entre abrir nosso coração de forma ilimitada (compaixão) e aceitar os limites do que podemos fazer e de como nós e os outros nos sentimos (equanimidade). A maioria de nós precisa cultivar este equilíbrio entre compaixão – a ternura do coração em resposta ao sofrimento – e equanimidade – a ampla quietude que aceita as coisas como elas são. O equilíbrio entre compaixão e equanimidade nos permite cuidar sem ficar sobrecarregados e incapazes de cooperar por causa desse cuidado.

As frases que usamos refletem este equilíbrio. Escolha frases que sejam pessoalmente significativas para você. Lembre-se de encontrar uma posição o mais confortável possível e fazer algumas respirações profundas e suaves para deixar o seu corpo se aquietar. Traga sua atenção para sua respiração e silenciosamente repita sua frase escolhida.

- Possa o meu amor pelos outros fluir ilimitadamente.

- Possa o poder da bondade amorosa me sustentar.
- Possa eu encontrar os recursos interiores para verdadeiramente ser capaz de doar.
- Possa eu permanecer em paz e abrir mão de expectativas.
- Possa eu oferecer meu cuidado e presença incondicionalmente, sabendo que ele pode encontrar gratidão, indiferença, raiva ou angústia.
- Possa eu oferecer amor, sabendo que não posso controlar o curso da vida, do sofrimento ou da morte.
- Possa eu ver meus limites compassivamente, assim como vejo o sofrimento dos outros.
- Possa eu aceitar as coisas como elas são.

11
A REDE DE JOIAS
Comunidades de cuidado

Na nossa moderna cultura de isolamento, desconectados uns dos outros, podemos facilmente esquecer que no passado a morte acontecia num contexto social. Como um rito de passagem que acontece numa comunidade, a experiência de morrer normalmente envolvia a família inteira e todo o povoado.

Hoje, frequentemente, aqueles que cuidam acreditam que são os únicos disponíveis para ajudar, apesar de outros terem desejado participar e se sentido afastados. Um aluno meu viu perplexo sua mãe, a cuidadora principal de seu avô que estava morrendo, sistematicamente cortar todas as fontes de ajuda externa e então insistir que ela não tinha outra escolha a não ser cuidar do pai sozinha. Suas ações, aparentemente tão heroicas, previsivelmente levaram à fadiga da compaixão. Eventualmente, a mãe esgotada de meu aluno tornou-se, muito abusiva para seu crescentemente indefeso e confuso pai. Tanto a pessoa morrendo quanto os cuidadores irão sofrer menos, se aceitarem o fato de que criar uma rede de pessoas para participar no processo do morrer seja o único jeito sustentável e salutar de proporcionar apoio de longo prazo para todos.

A metáfora da rede de joias nos dá algum senso de como uma comunidade de cuidadores pode funcionar. A cada nó da rede encontramos uma joia, um ser que cuida; cada cuidador reflete a preocupação compartilhada e compaixão por todos os outros cuidadores. No *Avatamsaka Sutra*, é feita a pergunta: como podem todas essas joias podem ser consideradas uma só joia? Se nós agora arbitrariamente selecionarmos uma dessas joias para inspeção e olharmos bem de perto para ela, iremos descobrir que na sua superfície polida estão refletidas todas as outras joias da rede, infinitas em número. Não apenas isso, mas cada uma das joias refletidas nesta única joia também está refletindo todas as outras joias, de modo que há um infinito processo de reflexão acontecendo. Esta é uma imagem maravilhosa exemplificando a interconexão.

Ao invés de nos isolarmos, podemos compartilhar as responsabilidades de oferecer cuidado? Podemos achar meios criativos de trazer toda a comunidade para uma experiência de cuidado, educando-os, se necessário? Podemos criar espaço para que todos que queiram servir possam fazê-lo? Podemos compartilhar nossa compaixão de maneira reflexiva e apoiadora?

A filósofa francesa Simone Weil definiu companheirismo e comunidade como sendo feitos daqueles que perguntam uns aos outros: "Pelo que você está passando?"[16] Essa expressão de preocupação de humano a humano é um exemplo do compartilhar da afeição e da bondade que mantêm nossas famílias e comunidades juntas. Outra pergunta relacionada a fazer: "A quem isto importa?" Frequentemente, os membros da comunidade, incluindo paciente, família, amigos, animais de estimação, voluntários e cuidadores profissionais, o carteiro e o farmacêutico. Quem são aqueles que querem saber pelo que os outros estão passando? Quem são aqueles que cuidam? Para quem esta morte importa?

---

16 WEIL, Simone. "O amor de Deus e a aflição", in *Espera de Deus*. Trad. Emma Craufurd. Nova York: G. P. Putnam's Sons, 1951. p. 64.

A IMPORTÂNCIA DA COMUNIDADE

Eu não acho que possamos fazer o trabalho do "presente no morrer" fora de alguma forma de comunidade. Você pode ter ouvido a expressão "cuidado centrado nas relações", usada para descrever um modelo de cuidado baseado numa forte visão de comunidade estendida. Muitos tipos de relações em torno de uma pessoa morrendo fazem a diferença – as relações entre a pessoa que está morrendo e seu profissional de saúde; entre seus amigos e família e a equipe médica; dos profissionais de saúde entre si; entre família, amigos e voluntários; entre as pessoas que estão morrendo que participam de um grupo de apoio, e entre a pessoa que está morrendo e seu amado animal de estimação.

Coordenar todas essas diversas relações parece um trabalho impossivelmente intimidador para qualquer membro da família sobrecarregado, enfermeira ocupada ou voluntário de meio período. Ainda assim, pode ser útil ter um mapa simples daqueles que oferecem cuidado, porque é geralmente nas rachaduras entre essas complexas relações que o sistema de apoio em torno da pessoa que está morrendo se rompe. Desenvolver a comunidade é um trabalho importante e a comunidade é um grande recurso muitas vezes negligenciado. Tenho visto alguns contratempos lamentáveis em torno de pessoas morrendo porque as relações não foram reconhecidas, entendidas ou cuidadas.

A comunidade de cuidado oferece muitos diferentes tipos de apoio, desde o círculo mais externo em volta da pessoa que está morrendo até o próprio centro. Precisamos estar conscientes de quem cuida, como eles cuidam e como se sentem em relação ao cuidado. Encontre uma estrutura que forneça apoio para todos os cuidadores; crie confiança nos cuidadores individualmente, assim como na equipe de cuidadores ou família. Seja tolerante com as diferenças de estilo dos cuidadores – não há um jeito certo de cuidar de alguém que está morrendo, e a maioria de nós faz o melhor que pode.

O DESCANSO NO MOMENTO OPORTUNO É A CHAVE

Procure meios de criar um tempo de folga para a família e os cuidadores. Conheço um homem cuja mulher esteve doente por anos. Quando o encontrei, ele não havia tirado um dia sequer para si mesmo em muitos meses. Pouco antes da morte dela, o marido parecia não gostar muito de sua esposa, nem dele mesmo. Ele se sentia ressentido, obrigado e com medo de sua raiva. Para complicar ainda mais, começou um relacionamento sexual com uma colega de trabalho. Este relacionamento parecia dar-lhe algum alívio dos anos que havia passado cuidando de sua mulher, mas ele se sentia culpado e abatido, conforme a mulher se aproximava da morte. Seu esforço em "salvar e servir" a mulher havia-o levado para muito longe.

A casa estava cheia de comportamentos e sentimentos conflitantes, do amor ao ódio, da paz à agitação. Como cuidadores, meus colegas e eu nos vimos no meio desta confusão. Circunstâncias difíceis eram os ingredientes que nos foram dados.

Trabalhando com a família dela, fui lembrada de que cuidadores precisam se manter fortes e descansados para o que frequentemente é uma jornada complicada em direção à morte. Para esta família, nós demos ao marido uma pausa no cuidado, e para a mulher que estava morrendo demos apoio quando ela pediu sua última e mais extrema intervenção médica. Entretanto, os cinco de nós envolvidos sentimos que havíamos chegado à cena um pouco tarde. Os danos aos seus sentimentos eram evidentes e nossa paciente teve uma morte muito difícil. Isto nós tivemos que aceitar. A raiva bruta e a confusão haviam sobrecarregado 15 pessoas na rede familiar, e nosso trabalho era reunir esta rede para o ato final de um difícil drama. Assim como os membros da família passaram por mudanças na relação de uns com os outros, também passaram por mudanças dramáticas em suas atitudes para conosco, do amor ao ódio e vice-versa. Mais tarde, o marido me disse que gostaria de ter procurado descanso e não alívio sexual. Esta foi a sua conclusão, conforme ele lidava com as complexidades de seu luto.

O CUIDADOR COMO ANJO E DEMÔNIO

Cuidadores geralmente aprendem suas lições mais preciosas quando uma pessoa morrendo e sua família e amigos os percebem de formas não realistas. O cuidador pode aparecer como um anjo da guarda em um minuto e como um demônio no momento seguinte. Para complicar as coisas ainda mais, cuidadores também podem se encontrar em relações emocionais emaranhadas com os membros da família ou com a pessoa que está morrendo. É fácil levar para o lado pessoal a afeição, o criticismo ou a raiva vindos da família ou daquele que está morrendo. Muitos de nós temos sido feridos por aqueles de quem estamos cuidando. Também temos sido feridos por nossos colegas e pelos membros da família. Muitos de nós iremos nos encontrar preferindo uma pessoa a outra. E, claro, nem sempre somos habilidosos e podemos ferir os outros.

O TRABALHO DE DESCOBERTA

Se você é um cuidador, ajuda a abraçar o não saber, permanecer aberto e aprender como ajudar, mesmo que você não esteja precisamente seguro de qual seja a coisa certa a fazer. Seu trabalho é o da descoberta, de ajudar a descobrir a rica base espiritual da vida de cada pessoa e da vida da comunidade, e de apoiar e fortalecer a abertura da fé para todos. E não pense que seu trabalho é somente com a pessoa que está morrendo – se a sua prática de meditação tiver amadurecido, sua própria força e bondade podem ser um modelo de força inerente e bondade para os outros. Como a corda solidária da cítara, você pode despertar essas qualidades no outro simplesmente por ser genuinamente gentil e consciente de si mesmo. Não é o que fazemos, mas como somos, que torna possível para o outro descobrir sua própria compaixão natural e abertura para o sofrimento e o desconhecido.

E enquanto um cuidador pode testemunhar o sofrimento do outro e pode inspirar o sofredor a testemunhar seu próprio sofrimento, quase sempre a pessoa que está morrendo pode testemunhar a confusão e dúvida do cuidador e inspirar confiança, tranquilidade e aceitação naquele que está cuidando. Qualquer que seja o papel que nos encontremos representando, fazemos bem em nutrir a confiança para que o nó na trama das coisas possa ser aberto para revelar sua complexidade. Quer estejamos ativamente morrendo ou cuidando, nós nos percebemos humildes, pequenos e ao mesmo tempo enriquecidos por estar completamente presentes ao inaceitável, ao injustificável e ao não cognoscível. Ao invés de ver a morte e o morrer como problemas a serem resolvidos ou ultrapassados, podemos começar a observar o morrer como uma experiência rica em significado e valor, uma fase de desenvolvimento em nosso processo de maturação e mesmo uma preparação para a iluminação imortal.

Quando Ann, uma brilhante jovem médica, foi diagnosticada com uma maligna e acelerada forma de câncer cerebral, viu-se no centro de uma grande e diversa comunidade de apoio. Outros médicos, membros da família altamente instruídos e colegas de pesquisa médica, junto com professores espirituais, curadores e artistas, todos tinham opiniões fortes sobre o tratamento de Ann e suas escolhas quanto à medicina ortodoxa e alternativa. Ela própria se havia especializado em práticas de saúde não convencionais. No meio de toda essa intensidade, Ann e o marido mantiveram aberto o diálogo entre os dois mundos, enquanto criavam espaço para ela tomar suas próprias decisões.

Quando entrei em sua casa, dois meses antes de Ann morrer, eu estava impressionada com a enxurrada de conselhos, informações e pessoas; posso imaginar como ela se sentira. Pessoas haviam chegado na entrada de sua casa para curá-la. Pessoas em todo o mundo estavam rezando por ela. Seus amigos e família pesquisaram todo tipo de dieta especial e terapia alternativa. Os maiores especialistas do país ofereceram suas recomendações por *e-mail*. Este e aquele estavam convencidos de que tinham a solução certa para ela. Outros declararam enfaticamente que não havia cura para seu tumor agressivo. Testemunhando este rico encontro de indivíduos, imaginei como Ann e seu marido iriam encontrar seu caminho através da complexidade de diferenças.

Felizmente, Ann não era somente uma médica talentosa; tinha uma mão firme e gentil quando se tratava de lidar com opiniões diametralmente opostas em sua comunidade. De sua parte, o marido apoiava-a com boa vontade e humor. Rodeados por uma torrente de informações e opiniões, os dois fizeram o que era típico deles: mantiveram as linhas de comunicação claras e ativas, abriram-se prontamente a todas as possibilidades e finalmente confiaram em sua intuição, inteligência e bons corações para tomar as decisões necessárias. Usando suas habilidades e paciência, conseguiram reunir este potencialmente discordante grupo em uma flexível rede de apoio, envolvendo quase todos da comunidade de compaixão, sem afastar ninguém que quisesse ajudar.

No final, entretanto, foi Ann que decidiu ir ver o curador – e foi ela que escolheu não seguir seu conselho, quando ele disse que ela pusesse de lado todas as intervenções médicas tradicionais. Foi ela que pediu para fazer radioterapia – e ela mesma que pediu para parar. Acolhida numa mandala de cuidado, Ann assumiu a liderança no seu próprio processo de morrer.

Perto da época em que Ann ficou doente, eu estava sentada conversando com o *koan* de Kyogen sobre o homem em uma árvore. Os *koans* são ensinamentos em forma de histórias zen tradicionais usadas para aprofundar a prática, e esta em particular descreve um monge que quase não está se aguentando dependurado no galho de uma árvore – pelos dentes. De acordo com o *koan*, ele não pode alcançar o galho para agarrá-lo com suas mãos e seus pés não podem tocar o tronco da árvore para aguentar seu peso. Justo nesse momento, alguém passa embaixo e lhe faz uma pergunta sobre o budismo. Grande *timing*! Se o monge não responder, está deixando de cumprir seu trabalho por não atender a necessidade espiritual de quem fez a pergunta. Mas, se ele responder, cai, ponto. O que ele deve fazer?

Este *koan* que soa tão selvagem é na verdade sobre o dilema de nossa vida. Nós sempre estamos entre a cruz e a espada, "se correr o bicho pega, se ficar o bicho come". Mas o problema mais profundo é que nós continuamos procurando "soluções". Sentando com Ann, eu me senti como o monge na árvore. Não havia solução para sua doença e sofrimento: não havia respostas. Apesar de muitos em sua comunidade sentirem que sabiam a coisa "certa" a fazer, eu não sabia quem dentre todos estes amigos e conselheiros estava certo – ou mesmo se alguém estava. Apenas podia ficar dependurada no galho pelos dentes, sabendo que mesmo procurar uma solução era uma admissão de esperança cega, e, em tal comunidade complexa, pode ser de grande ajuda se ao menos uma pessoa permanecer com uma "mente de principiante." Contanto que tivesse esperança, eu me acharia abordando a situação com uma lógica estagnada e ideias fixas sobre como alguma outra experiência seria melhor do que simplesmente viver através do tempo que ainda tínhamos juntas. Portanto, eu me encontrava suspensa em uma sublime derrota.

Então com Ann, seu marido e sua comunidade, tentei ficar presente, fluindo com as águas da mudança. No final havia pouco mais a fazer do que testemunhar, ouvi-los e aos seus amigos, conforme eles analisavam questões e opções. Eles mesmos eram os melhores cuidadores que podiam ter, com sua boa motivação, inteligência e coragem para enfrentar o que quer que estivesse surgindo.

Desta experiência, assim como de muitas outras, continuei aprendendo a aceitar as coisas como são, seja a verdade do sofrimento ou diferentes visões e crenças sobre doença e morte. Na análise final, provavelmente não serão nossa fé ou crenças que irão guiar a pessoa que está morrendo e a comunidade, então também devemos abandonar a tentativa de estar certos. O cuidador é apenas o homem dependurado na árvore, vivendo com o impossível onde não há solução. E, se tivermos sorte, toda a comunidade está dependurada conosco.

MEDITAÇÃO
O círculo da verdade

Um meio bastante habilidoso pelo qual uma comunidade pode se unir e compartilhar suas experiências é a prática do conselho. Dedicado a falar honesta e construtivamente e ouvir sem preconceito, o círculo da verdade do conselho nos dá a chance de nos comunicarmos sobre os assuntos mais profundos de nossas vidas.

O conselho não necessariamente nos leva a ver as coisas do mesmo jeito. Não é um processo consensual. Ao contrário, reconhecemos que cada indivíduo tem sua própria sabedoria. Quando diferentes visões e experiências são expressas, descobrimos a riqueza das diferenças e da diversidade. Pessoas que estão morrendo podem ouvir as perspectivas dos cuidadores, e vice-versa. Uma pessoa com AIDS, que se sentou em conselho com sua família, admitiu para sua mãe e seu pai: "Eu não tinha percebido o quão exaustivo é o seu trabalho e posso lhes dizer que ser uma pessoa que está morrendo também é exaustivo".

Um círculo de conselho pode acontecer em um quarto de hospital, numa casa ou num prado nas altas montanhas. Podemos trazer uma vela, uma flor ou uma tigela com água para nos ajudar a cruzar a fronteira da agitação e complexidade de nossas vidas para a intimidade e verdade que nós queremos suscitar. Colocar alguma coisa no centro dá foco ao conselho. Outro importante elemento na prática do conselho é o "objeto da fala". O objeto da fala pode ser qualquer coisa: uma concha, uma relíquia de família, uma bíblia, um objeto cerimonial ou algo encontrado no local onde o conselho acontece. Eu sempre uso uma pedra que encontrei anos atrás durante uma peregrinação ao monte Kailash, a montanha sagrada do Tibete. Este objeto agora tem sido segurado pelas mãos de milhares de pessoas. Quem quer que segure o objeto da fala estará segurando a atenção exclusiva. O objeto da fala pode ter uma qualidade magnética e protetiva, permitindo ao palestrante focar, como em um objeto de meditação.

O silêncio é outro tesouro que trazemos para o conselho, e começar o conselho com um momento de silêncio nos dá a oportunidade de mergulhar em nossos corações. Pessoas que estão morrendo frequentemente se encontram em um purgatório de comunicação padronizada e anseiam pelo silêncio. Eu me lembro de me sentar com um amigo que só queria silêncio em seu quarto de hospital. Fala inútil, perguntas redundantes, consolo falso não era o que ele queria. Então nós dois sentamos em conselho um com o outro, compartilhando o silêncio, segurando alternadamente uma pequena pedra. Isto foi pura graça para nós dois.

Para nos reunir em conselho, sentamos juntos mais ou menos em círculo, sejamos dois ou 20. Antes de começar, alguém nos lembra em voz alta os princípios-guias do conselho:

- Falar a partir do coração.
- Ouvir a partir do coração.
- Falar concisamente.

- Falar espontaneamente.

Essas quatro habilidades cruciais podem nos manter firmes em meio a uma profunda complexidade.

Primeiramente, no conselho, falamos a partir do coração. Alguns de nós estamos acostumados a falar a partir de nossas cabeças, em termos de ideias filosóficas, sociais, psicológicas e políticas. Mas o conselho é sobre transparência, autenticidade e revelação íntima. Somos chamados a falar a partir de nossa experiência pessoal, abrindo esta caixa do tesouro através de histórias e expressando nossos sentimentos de maneira direta e que ajude a aliviar nosso peso.

Também podemos deixar o silêncio falar por nós, convidando todos para um maior senso de interioridade. No conselho, ninguém precisa falar, se não desejar. A pessoa pode simplesmente segurar o objeto da fala e então passar adiante.

Em seguida vem ouvir com o coração. A escuta profunda significa ouvir com tolerância e inclusão – o que os *quakers* chamam de "escuta devotada". O conselho remove a opção de interromper um palestrante, para que cada indivíduo possa falar sem ter medo de ser cortado. Também nós que escutamos temos a chance de relaxar na escuta ampla, sem julgamentos ou preconceito, ouvindo não somente o que é dito, mas também o que é deixado por dizer. Conforme escutamos, muitas respostas podem surgir: memórias, associações, *insights*, criticismo, concordância. Podemos permanecer conscientes de que essas narrativas estão acontecendo dentro de nós e ser capazes de abandoná-las.

Como ouvintes, não respondemos ou compartilhamos associações, até que seja nossa vez de falar. Isso pode ser difícil quando os assuntos são difíceis. As pessoas podem trazer seus mais profundos sofrimentos à tona ou cair em prantos. O impulso da maioria de nós é intervir para dar apoio e tirar o sofrimento da pessoa o mais rápido possível, pois é insuportável para nós. Mas a resposta mais hábil é não interferir e simplesmente testemunhar. Este é um jeito profundo de compartilharmos o sofrimento em uma situação de confiança e apoio. Pode ser um esforço ouvir as perspectivas dos outros. Mas é isto que somos chamados a fazer – ouvir a sabedoria do círculo.

Conforme começamos a ouvir com uma nova qualidade de inclusão e paciência, a prática nos ajuda a mudar da escuta reativa para a escuta atenta. Cada palestrante é como um novo mundo se abrindo e os ouvintes experimentam uma compreensão coletiva que transcende a linguagem. No aprendizado da escuta profunda, convido os ouvintes a considerar que este é o último dia na terra do palestrante e a dar a ele a qualidade de atenção que daríamos a alguém que vai morrer amanhã. Podemos receber incondicionalmente o que quer que ele esteja dizendo? A escuta respeitosa e aberta obtém uma verdade mais profunda de nós, conforme falamos sobre nossas preocupações, medos e sentimentos de vergonha e rejeição.

Então, também, valorizamos a concisão; queremos ir ao coração do assunto. Queremos reconhecer que cada momento é precioso. Quando é nossa vez de falar, precisamos parar por um momento e entrar na verdade do coração naquele momento. Falamos com a verdade da situação o mais genuinamente que podemos. O conselho nos pede para desenvolver a fala clara para que estejamos realmente na medula de nosso ser, assim como nos pede uma economia de discurso, para que todos que desejem compartilhar seus *insights* ou confusão tenham tempo de fazê-lo. Muitos de nós achamos a disciplina de ser conciso difícil. Temos que confiar no coletivo para conter a história inteira. Se nos rendermos ao grupo, podemos estar seguros de que alguém irá tocar naquele ponto que não conseguimos abordar.

Finalmente, falamos espontaneamente e de um jeito não premeditado. Aconselhando através dos anos, às vezes me encontro ensaiando internamente o que vou dizer. Em momentos assim, pergunto a mim mesma o que está realmente acontecendo neste exato momento. Sou capaz de apresentar minha experiência? Este é o momento certo de compartilhar o que vejo? Sou capaz de confiar e ir mais fundo do que penso que sei?

Certa vez um jovem nativo americano foi julgado por um crime. Quando chegou o momento de depor, foi pedido a ele que falasse a verdade, toda a verdade, nada mais que a verdade. Tremendo, ele olhou para o juiz e disse numa voz quase inaudível: "Eu não posso". O juiz insistiu que este era o procedimento padrão do tribunal. O jovem homem começou a chorar, enquanto respondia: "Mas, senhor, quem pode saber toda a verdade?" Somente uma comunidade pode conter a verdade, se confiarmos na alquimia do seu processo, viajando apesar de não sabermos o destino. O conselho pergunta se podemos suportar olhar para o que não contamos a nós mesmos. Podemos ouvir o que não sabemos? Nenhuma resposta pode conter a verdade de um bom coração, mas a experiência da comunidade do conselho em si pode ajudar a nos curar. A sabedoria do círculo irá sempre prevalecer, e o compartilhamento e a escuta profundos podem nos trazer para casa.

12

CURADORES FERIDOS
O lado sombrio do cuidado

Você provavelmente já está familiarizado com os arquétipos do cuidado, tanto negativos quanto positivos. De um lado há o santo altruísta, possuindo aparentemente recursos infindáveis de compaixão e generosidade. Do outro há o mártir – amargo, exausto e incapaz de prestar o menor serviço que seja sem um ressentimento latente. Enquanto o cuidado pode ser uma das mais nobres e úteis práticas que a vida tem para nós, uma que é curativa tanto para quem está morrendo quanto para os que oferecem apoio, a imagem brilhante e beatificada do serviço pode lançar uma sombra muito comprida e escura. Estranhamente, quanto mais glorificada for a nossa idealização do cuidador que nunca está cansado ou irritado ou carente, mais estamos propensos a convidar em seu lugar outro arquétipo, enquanto aspectos da sombra emergem e progridem.

Os cuidadores de Sandy, por exemplo, tornaram-se presas do cansaço ao final de sua doença. Em intervalos de poucos meses ela se movia para o limite da morte e então de volta à vida novamente. Essas marés bruscas começaram a cobrar seu preço nos amigos de Sandy, que vinham mantendo um lar para ela, bem como cuidando dela por anos. Desgastados e desanimados, seus amigos suspeitaram que ela estava se agarrando à vida, incapaz de se render ao inevitável.

Finalmente – quando Sandy se tornou extremamente exigente, raivosa e caótica – os amigos não tinham mais recursos pessoais com os quais ajudá-la. Na tentativa de cuidar completamente de Sandy, haviam assumido mais do que esperavam. Não haviam criado um plano para o longo prazo – e longo era exatamente o que ele era. Naquele ponto, tentaram encontrar outro lugar para ela ficar.

Por sorte Sandy não precisou se mudar; um novo grupo de amigos entrou em ação para ajudar, visitando todos os dias, sentando com ela por horas e compartilhando a prática com ela. Ela estava particularmente interessada na prática tibetana de transferência de consciência na hora da morte (*Phowa*). Ela também queria que a segurassem e lessem para ela. Esse novo grupo de cuidadores permitiu que os amigos mais antigos ficassem a uma distância mais saudável de Sandy, podendo relaxar um pouco. Mesmo assim eles se sentiam envergonhados, como se de alguma forma tivessem fracassado com ela.

Com o passar do tempo, a dor de Sandy tornou-se tão extrema que ela teve que receber grandes doses de medicação para poder descansar. As pessoas sentavam com ela 24 horas por dia, conforme ela se aproximava da morte. E, então, um dia, ela se foi. Testemunhar a sua morte era desafiador, mas era mais difícil ficar com a dor dos amigos que haviam se retirado depois que sua energia havia se esgotado. Todo amor e apoio que o resto de nós ofereceu não eram capazes de aliviar-lhes a culpa, por acharem que deveriam ter feito mais. E talvez o que eles realmente poderiam ter feito era menos.

A situação continuou a me servir como um lembrete duramente aprendido sobre o poder da sombra. Estar familiarizado com seus aspectos mais íntimos, os vários tipos de percalços e sofrimentos que podem jogar um cuidador em águas profundas e frias, torna possível corrigir nosso curso e nos encoraja a conseguir mais ajuda, antes de estarmos sobrecarregados até o topo de nossas cabeças.

Uma vez um aluno me perguntou: "O que é a sombra do bodisatva?". Eu respondi: "Ajudar outros seres". Isso soa estranho até você considerar que os bodisatvas realizaram a não dualidade, respondendo ao sofrimento do mundo como aquela marionete de madeira cujas cordas estão sendo puxadas pela criação inteira. Não existe "eu" fazendo uma boa coisa por "outro", mas simplesmente responsividade sem escolha, combinada com o sentimento de que o *self* não é local, mas existente na unidade com todas as coisas. A mão direita, dizemos no zen, está apenas cuidando da mão esquerda. Não é grande coisa. Se houver uma "grande coisa" – se houver um você ajudando outros seres, salvando outros seres, então a sombra do bodisatva pode causar um problema real.

A seguir estão algumas das dificuldades mais comuns que os cuidadores têm encontrado, alguns dos papéis que podemos nos ver interpretando. Não se sinta mal se você se encontrar aqui. A única razão pela qual eu sou capaz de enumerar esses problemas é que cada um deles tem sido parte da minha própria experiência no trabalho com os que estão morrendo e a maioria de meus colegas e amigos pode dizer o mesmo. Existe um ditado no Japão sobre o instável e arredondado boneco Bodhidharma com o qual as crianças brincam: caia oito vezes, levante-se nove. Em última análise, não há um jeito certo de estar com os que estão morrendo. Fazemos o melhor que podemos e a humildade se torna nossa companheira no caminho, enquanto caímos e nos levantamos de novo.

E, às vezes, o que mais aprendemos vem de nossas mais dolorosas experiências.

O HERÓI

Heroísmo pode levar um cuidador muito além do que é sensível e compassivo. Você sempre ouve alguém preso no papel do herói insistindo: "Eu sou o único que pode ajudar... Não há ninguém que possa fazê-lo além de mim". Você está cuidando de alguém por muitas horas para os padrões da maioria das pessoas?

Você está recomendando intervenções médicas extremas, mesmo contra os desejos da pessoa que está morrendo? Se você estiver se sentindo sozinho e enfrentando desafios por todos os lados sem nenhum apoio, provavelmente caiu no papel de herói. Outra palavra para o herói é salvador.

Talvez um desejo inconsciente por gratidão e reafirmação seja o combustível do heroísmo; muito frequentemente, aqueles que servem os que estão morrendo o estão fazendo para preencher necessidades emocionais não satisfeitas. Heróis também anseiam por reconhecimento da comunidade. Sua identidade é forjada na bigorna das boas ações. Enquanto imaginamos como seria bom ouvir a pessoa que está morrendo ou sua família dizer "eu não poderia fazer isto sem você", deixar esta fome de reconhecimento guiar o cuidado pode levar-nos a ficar sobrecarregados e não estar completamente presentes para a pessoa que está morrendo (que pode ter pouco interesse nas necessidades de seu cuidador). Você pode deixar a prática do cuidado por si só ser a sua realização? Encontrar outras maneiras, mais apropriadas, de ter suas necessidades emocionais satisfeitas – por meio de outras pessoas ou atividades – vai ajudar.

O melhor antídoto para o herói é compartilhar a responsabilidade. Trabalhar para envolver outras pessoas no cuidado. Muitos heróis tornaram-se tão apegados à sua importância ou à qualidade especial de sua relação com a pessoa que está morrendo que tornaram quase impossível para qualquer outra pessoa ajudar. Outra coisa que move o herói é o medo. Se você estiver preso no herói, comece por abrir mão de algum controle. Confie nos outros cuidadores e permita sua participação. Desenvolver limites claros serve àqueles com quem trabalhamos, assim como a nós mesmos. Uma frase útil pode ser: "Que eu aceite meus próprios limites com compaixão". Pode parecer incrivelmente difícil no começo, mas os benefícios são muitos – incluindo a rara oportunidade de explorar nossas próprias questões de apego.

O MÁRTIR

Em muitos aspectos, o mártir é apenas o herói num estágio final, esgotado. Para um membro da família, que é o cuidador primário, um médico de plantão, uma enfermeira trabalhando no turno da noite ou fazendo hora extra, um amigo sentando-se por longas horas com a pessoa que está morrendo, porque não há membros da família para ajudar, as demandas físicas e emocionais esmagadoras do cuidado podem eventualmente empurrar você da fadiga para o ressentimento. O mártir geralmente sofre de fadiga por compaixão e trauma secundário, superexposto que foi ao sofrimento e incapaz de lidar com mais exposição.

Você saberá que o mártir está presente quando se ouvir dizendo sim a tudo (o que eu chamo de "compaixão automática"), mas internamente detestando tudo isso. Ou talvez ajudando quando não é preciso? O mártir proclama exaustão e nunca tem tempo suficiente para fazer o que é preciso ser feito. Antes de responder automaticamente aos pedidos, pode ser uma boa ideia examinar suas motivações (assim como com o Herói). O que serviria melhor tanto à pessoa que está morrendo quanto a você?

Mártires exaustos como os amigos de Sandy acabam por se tornar impacientes com o processo do morrer. Eles podem secretamente desejar que essa pessoa "se desapegasse e morresse", dizendo uns para os outros em particular: "Ela não consegue se render", ou "Ela não vai abrir mão". Para se proteger de ser tomado pelo mártir, tome o poderoso remédio do bom autocuidado. Construa resiliência para atender as necessidades dos outros atendendo suas próprias necessidades. Encontre seu próprio ritmo. Abra espaço em sua vida com atividades nutridoras. Crie uma agenda que lhe permita dias de folga. Descanse e cuide de si mesmo para restaurar sua perspectiva (é possível encontrar momentos de profundo descanso mesmo no meio de circunstâncias muito movimentadas). E, se a sua aceitação tiver chegado ao fim, ache alguém descansado, que possa se sentar com a pessoa que está morrendo. Não há vergonha em se retirar do campo da prática, quando você está exaurido e é melhor que ficar aguentando firme obstinadamente e se tornar abusivo, o que eu vi acontecer mais de uma vez.

O PAI

Mesmo que você seja de fato um dos pais da pessoa que está morrendo, identificar-se com o papel não é necessariamente o melhor jeito de se relacionar com ela, ou com você mesmo. Quando nos tornamos o pai intrusivo, começamos a exibir comportamentos que são controladores e literalmente condescendentes. Você saberá se o pai está presente, se se ouvir usando a voz imperativa, como fazemos com crianças pequenas ("Não faça isso!", "Tome seus remédios" etc.), ou fazendo afirmações como: "Você não sabe o que é melhor para você". Talvez um nome mais preciso para o pai seria diretor de cruzeiro (ou capitão). Se você se pegar gerenciando, dando ordens ou dizendo a todo mundo o que deveria estar acontecendo, pare. Volte-se para a pessoa que está morrendo e para a família e pergunte a eles o que eles querem e de que precisam. Praticar mesmo que só um pouco do não saber permite que a verdade de cada situação emerja sem precisarmos dirigir ou controlá-la.

Tratar uma pessoa que está morrendo como se ela fosse incompetente é outra forma de ser parental, e isto normalmente surge da nossa insegurança e receio. Conforme a pessoa que está morrendo passa pelos estágios da morte, vai gradualmente perder o controle de qualquer modo, sem que precisemos tirá-lo dela prematuramente. Um dos maiores dons que podemos oferecer é o controle sobre o que quer que a pessoa deseje administrar. Deixe que ela faça do jeito que quiser pelo máximo de tempo que ela puder, quer seja caminhar até o banheiro ou decidir o que comer e quem ela quer que a visite. Não tire a vida dessa pessoa justamente quando ela a está perdendo; confie em sua sabedoria inerente e pratique abrir mão.

Se eu tivesse que resumir o cuidado consciente e responsável em uma frase, poderia dizer: "Deixe que a pessoa que está morrendo assuma a liderança". Muito frequentemente tratamos a pessoa como se ela já estivesse morta, sem voz própria, sem oportunidade de escolher como irá morrer. Deixar a pessoa assumir a liderança realmente requer que fiquemos com o não saber e testemunhemos as coisas como elas são. Isto requer coragem e confiança na sabedoria natural e inerente de cada ser, enquanto sua vida está sendo envolvida na experiência imediata da morte.

Sita era uma jovem indiana que estava morrendo de câncer de mama. Minha colega Katherine ofereceu-se como voluntária para apoiar Sita e sua família, e no processo ela aprendeu muita coisa sobre suas diferenças culturais. Muitas das questões de gênero, crenças religiosas e costumes em torno do morrer da família de Sita eram completamente novos para ela. A sensibilidade de Katherine e sua disposição para experimentar o não saber ajudaram-na a descobrir o melhor jeito de estar com Sita e sua família emocionalmente instável.

Após várias semanas, as enfermeiras do hospital em que Sita estava disseram que ela exibia os sinais físicos de morte iminente e provavelmente morreria em três ou cinco dias. A família de Sita começou seu ritual de preparações para o funeral, com os parentes homens raspando a cabeça e fazendo jejum. Outros pintaram cores tradicionais na testa de Sita a ao longo da linha de seu cabelo, enquanto ela se encontrava em coma profundo. Contrataram um restaurante para servir comidas tradicionais para o desjejum da reunião que iria acontecer na manhã após sua morte.

No dia que estava previsto para a morte de Sita, Katherine foi à sua casa para apoiar a família. Mas, ao invés de uma cena de leito de morte, Katherine encontrou Sita sentada na cama jogando cartas! Sita baixou as cartas quando viu Katherine e perguntou a ela insistentemente, muito desolada: "Você realmente pensou que eu estava morrendo?" Katherine percebeu que a jovem moça estava profundamente perturbada, porque todos tinham sido muito rápidos em se mobilizar para sua morte. Ela temia que sua família quisesse que ela se apressasse e morresse – afinal, eles tinham estado nessa crise com ela por cinco anos.

Quando praticamos ter a mente do não saber, somos mais aptos a ajudar intuitivamente, mesmo quando não sabemos completamente a coisa certa a fazer. Katherine não foi à biblioteca e leu livros sobre religião e práticas culturais hindus; ela manteve o coração aberto e sua intenção focada no não saber, e estes a levaram à ação correta. Porque ela aguentou ficar no não saber, aceitando que Sita teria seu próprio jeito de fazer as coisas – mesmo morrer no seu próprio calendário – Katherine foi capaz de tranquilizar Sita e dar-lhe de volta o senso de controle sobre sua própria morte. Mesmo que pensemos que podemos claramente ler os sinais do processo ativo de morrer, o *timing* da morte é imprevisível e devemos deixar a pessoa que está morrendo assumir a liderança.

Um cuidador que tenha sido tomado pelo pai pode interferir no morrer de alguém de modo muito direto: falando muito, dando conselhos indesejados, tentando divertir ou entreter a pessoa que está morrendo, sondando por informações ou fazendo perguntas emocionalmente carregadas, quando a pessoa preferiria privacidade, ou compartilhando problemas pessoais numa proposta desorientada de estabelecer intimidade. Todas essas coisas violam limites emocionais; violamos os limites físicos, quando nos recusamos a deixar a pessoa sozinha, ou insistimos em contato físico no momento em que o necessário é simplicidade e não envolvimento. Nem todas as formas de contato físico são inapropriadas; segurar e tocar pode ser muito reconfortante e tranquilizador para quem está morrendo. Mas tente estar consciente de sua motivação ao oferecer apoio físico e tenha certeza de que você sabe que isto é desejado. Pessoas que estão morrendo geralmente estão no processo de abrir mão dos relacionamentos, não de iniciá-los ou complicar os existentes.

Também perceba que as pessoas que estão morrendo podem não querer muita companhia, preferindo descansar ou ficar sozinhas com seus pensamentos; e certamente elas não estão a fim de entretenimento. Não fique além da sua acolhida só porque você não sabe dizer quando é a hora de ir embora, porque tem medo que "alguma coisa possa acontecer" ou porque pensa que é absolutamente necessário a cada minuto. Pergunte à pessoa que está morrendo se ela gostaria de um pouco de tranquilidade, um tempo para ficar só ou em silêncio.

A melhor cura para o pai é, o mais suavemente possível, olhar claramente para o que está fazendo. Com honestidade, examine o que o está motivando e que efeitos seu comportamento está causando nos outros. Deixe sua bondade e amor incondicional guiá-lo para estar presente ao invés de ser paternalista.

O *EXPERT*

O *expert* frequentemente aparece em profissionais médicos sobrecarregados, ou em cuidadores que não estão confortáveis com os fortes sentimentos suscitados neles por estarem com quem está morrendo. Alguém capturado pelo *expert* está tentando cooperar, agindo de maneira clínica ou profissional, distanciando-se da incerteza da situação e se escondendo por trás do papel, tratando a pessoa que está morrendo como um objeto inanimado, negligenciando-a ou falando na sua frente como se ela não estivesse lá. (Mesmo que alguém esteja inconsciente, sua presença, fala, e mesmo seus pensamentos podem impactar seu processo de morrer.) Você evita fazer contato visual, evita se conectar de modo genuíno? Você relaxa a tensão discutindo a pessoa e sua família de um modo que viola a confidencialidade? Quando o *expert* nos faz evitar nossos sentimentos, a solução é de fato encará-los diretamente. Fale com alguém em quem você confia, com quem seja seguro admitir seu medo, raiva ou tristeza. É completamente natural que essas emoções sejam trazidas à tona na presença da doença, da dor e da perda, e é especialmente comum que um velho e não reconhecido luto seja ativado. Ficar aberto ao desconforto desses sentimentos nos dá uma preciosa chance de testemunhar. Não vire as costas para o luto, mas trabalhe com ele enquanto segue, usando-o como um meio de aprofundar sua compaixão e uma oportunidade de examinar suas expectativas e suas crenças mantidas por tanto tempo. Agradeça ao *expert* por tentar protegê-lo e então deixe o seu distanciamento se dissolver na intimidade. Abraçar esta experiência – exatamente esta, com todo seu sofrimento – pode ser um catalisador para despertar seu bom coração.

O SACERDOTE

É possível que os cuidadores se tornem espiritualmente inflados, sentindo excitação emocional por estarem próximos do sofrimento (por mais estranho que isso possa parecer). Assim como com o *expert*, essa sensação pode nos manter afastados de nosso próprio desconforto. Estamos atuando no papel de sacerdotes quando pensamos que somente nós temos todas as respostas e sabemos o que é espiritualmente certo para aquele que está morrendo. Se você se ouvir dando um monte de conselhos que soam nobres, ou "pregando," o sacerdote provavelmente chegou.

Uma das mais insidiosas tendências do sacerdote é acreditar que podemos definir uma "boa morte" para a pessoa de quem estamos cuidando. Caímos então na armadilha de ser sutilmente coercivos, manipulando a pessoa e sua família a se adaptar à noção predominante do "melhor" jeito de morrer. O sacerdote acha que fazer as coisas de um certo modo irá garantir uma boa morte, insistindo em uma prática espiritual particular ou persuadindo a pessoa a morrer em casa, quando ela na verdade quer suporte hospitalar (ou levando-a para o hospital, quando ela preferiria estar em casa). Às vezes há a crença de que toda a família precisa estar envolvida, quando na verdade a pessoa se sente completa sem um monte de gente ao seu redor e quer morrer pacificamente.

O antídoto para este papel é simplesmente não saber. Quando você se sentir convencido de que sabe o que é certo, pare por um minuto e considere. Cada morte é única e misteriosamente perfeita exatamente como é. É claro que queremos o melhor para cada pessoa que está morrendo, mas ter expectativas sobre como alguém deveria morrer não ajuda ninguém. Quando você se sentir colocando pressão na pessoa de quem está cuidando para morrer de um jeito particular, conscientemente relaxe e abra mão de suas expectativas. Desista desta noção de boa morte – ou de que você tem alguma ideia de como irá parecer.

Morrer é um trabalho em tempo integral. Espere que as pessoas que estão morrendo se preocupem em aprender tudo o que podem sobre sua condição e colaborem com as mudanças radicais que estão experimentando. Espere que elas fiquem absortas em sua dor e doença, sua prática espiritual e em dizer adeus aos seus entes queridos. Muitos estão passando por uma experiência esmagadora e, além disso, é preciso uma enorme quantidade de energia para atender a todas as pessoas que de repente estão em contato com eles – profissionais de saúde, assistentes sociais, agentes de seguro, advogados, funcionários do hospital, amigos e família – e dar conta de informações complicadas, tentando compreender todas as questões: "Que medicamentos são esses? O que estes procedimentos irão fazer comigo? Por quanto tempo mais eu estarei aqui?"

Morrer pode ser como um clima intenso, com tempo revolto e extremos de calor e frio. Provavelmente seremos feridos e iremos ferir os outros neste processo. Por estarmos em território desconhecido, morrer faz surgir situações completamente inesperadas, imprevisíveis, que nos colocam na berlinda e testam nosso comprometimento. Nossos papéis muito frequentemente nos protegem das intempéries de nosso próprio amadurecimento e de oferecer o nosso melhor para aqueles que sofrem. Quando a sombra do cuidado mostra sua face mais feia e nos sentimos mais perdidos e confusos, este é o momento de abrir nossos corações e desistir de nossos conceitos. Podemos ser verdadeiramente compassivos conosco mesmos, quando falhamos em ser cuidadores perfeitos, e com a pessoa que está morrendo, quando ela falha em morrer do jeito que pensamos que ela deveria? Enterradas nos carvões dessa fogueira estão as mais profundas oportunidades de praticar o não saber e o testemunhar – e, finalmente, confiar na presença. Talvez, no final das contas, iremos nos encontrar mais disponíveis, de alguma forma mais humildes e mais sábios por tudo isto.

MEDITAÇÃO

As quatro profundas lembranças

Deixe seu corpo se aquietar e suavemente preste atenção em sua respiração. Relaxe e permita-se estar consciente do fluxo de pensamentos, sentimentos e sensações, sem se envolver com eles. Quando você se encontrar agarrando-se a pensamentos, volte para a respiração, sem sentir pressão.

1. Após acomodar-se em seu corpo, por favor, lembre-se de quão preciosa esta vida humana é. Durante esta vida você

encontrou tanta coisa que tem sido útil, incluindo bons professores, a possibilidade de ter uma vida espiritual e ensinamentos que o inspiram e o guiam. Muitas pessoas ajudaram-no e você teve a alegria de ajudar os outros. Apesar de ter sofrido, você também teve muitos momentos em sua vida que foram bons. Por favor, aprecie a preciosidade de sua vida, o que você pode ser capaz de realizar através dela e como você pode ser capaz de ajudar os outros também.

2. Agora contemple a verdade da impermanência. Olhe para sua mente. Cada pensamento e sentimento que você já teve mudou de um jeito ou de outro. Seu corpo também está constantemente mudando. Um dia ele irá morrer. Buda, Cristo, Maomé – todos os grandes professores do passado morreram. Tudo no mundo fenomênico irá mudar e um dia, mais cedo ou mais tarde, deixará de existir. A impermanência é real. A morte é inevitável.

3. Agora contemple a verdade de causa e efeito. Você mesmo é o resultado de uma cadeia infinita de causas e efeitos, envolvendo seus pais e ancestrais, e estendendo-se no tempo. Antes de seus ancestrais humanos havia ancestrais animais e vegetais. E antes dos ancestrais mamíferos e algas azuis havia os elementos. Esta cadeia de causa e efeito é infindável. Suas relações são infindáveis e suas ações passadas são como uma sombra que o segue por todos os lugares. Seu futuro também está sendo traçado neste exato momento. Considere que bondade e compaixão fazem surgir bons efeitos, e agressão e avareza fazem surgir o sofrimento. Faça o que puder para diminuir o sofrimento para si mesmo e para os outros. Perceba que você pode purificar sua vida fazendo o bem aos outros e expiando o sofrimento que você tenha causado a si mesmo e aos outros. Você pode transfor-

mar este sofrimento em sabedoria. Perceba a verdade das consequências.

4. Finalmente, considere a verdade do sofrimento – nascimento, velhice, doença, morte, ter o que você não quer, não ter o que você quer e perder aquilo que você estima. Muitas vezes você sentiu que isso ou aquilo irá fazer você feliz, irá finalmente lhe trazer paz. Você deve ter trabalhado duramente por estas coisas – um bom relacionamento, uma boa casa, um trabalho que o satisfaça. Ainda assim, mais cedo ou mais tarde você irá perder todas essas coisas. Elas próprias podem também lhe causar sofrimento. Considere a verdade dos seres que estão doentes e o grande benefício de estar livre do sofrimento. Contemple o que seria viver uma vida sem medo. Saiba que a iluminação imortal está aqui neste exato momento. Você pode relaxar seu apego àquilo que você pensa ser real e abrir sua vida ao que quer que surja? Você pode ver através da ilusão do passado, do presente e do futuro? Você pode abrir mão dos pontos de referência da solidez, da identidade e da separatividade? Você pode relaxar e se abrir para as coisas como elas são? Você pode mergulhar na vida neste exato momento e aprender com ela por inteiro? Deixe a confiança na verdade do momento presente surgir. Esteja lá para ela.

Relaxe enquanto experimenta esta consciência focada, senso de investigação e presença e lembre-se de quem você é e por que está aqui.

PARTE TRÊS
Fazendo um tecido completo

Para aquele que está morrendo a terceira e última fase neste rito de mudança é a experiência de encontrar a morte. Aqueles de nós que ficam para trás voltam ao mundo comum por enquanto, para continuar o trabalho de não saber, de testemunhar e de ação compassiva.

O terceiro fundamento, ação compassiva, nos pede para fazer um tecido completo com todos os pedaços de nossas vidas, para incluir tudo o que aconteceu e não rejeitar nada. O que isto quer dizer? Como os sacerdotes budistas que costuram seus mantos de trapos de tecido jogados fora, aquele que está morrendo e os que cuidam e afligem-se por ele criam um tecido completo de todos os fragmentos esfarrapados da sua experiência com essa jornada.

No caminho do cuidador, experimentamos a cura ao fazer o que precisa ser feito por nós mesmos assim como pelos outros. Para a pessoa que está morrendo a cura significa abandonar-se ao desconhecido, estar com a rica inevitabilidade da dissolução dos elementos e conhecer o singular sabor da libertação de todos os cuidados e fardos, incluindo aqueles de corpo e mente.

Para os que estão de luto, nós nos curamos quando amadurecemos através de nossa perda, aprendendo a aceitar a perda e a mudança. Esse quebrantamento do coração que nós chamamos de pesar – nossa afinidade com o outro agora invisível – é realmente uma flor de lótus nutrida pelas águas frias e turvas do luto. O luto pode desabrochar em humildade, fé e ternura, quando o seguramos com paciência e respeito e encontramos uma relação saudável com nossa tristeza sem sermos esmagados.

Esta é a terceira fase do viver e morrer, ser um com a completa verdade do cuidado, da entrega e do luto – todos expressões da unidade com a grande e sutil verdade do que é.

13

PORTAS PARA A VERDADE
Do medo à liberação

O que eu aprendi com cada um dos moribundos com os quais trabalhei é que a estrada para a morte é sempre incomparável. Assim como vivemos do nosso próprio jeito, cada um de nós morre de seu próprio jeito. Nossas dificuldades em abordar a morte, entretanto geralmente tem uma raiz em comum, a raiz do medo – medo da mudança, medo de perder nossa individualidade e tudo o que pensamos possuir, e medo do território inexplorado em que estamos entrando. A seguir há seis respostas comuns para o morrer e a morte. Explorando-as, podemos ver que não há jeito "errado" de morrer, e que é possível encontrar a liberação mesmo nas mais difíceis situações.

TEMENDO A MORTE

Muitos de nós naturalmente sentimos medo, quando encaramos pela primeira vez a verdade da morte ou um diagnóstico catastrófico. Tememos a dor e o lidar com ela; tememos a perda de tudo que é preciso para nós, incluindo nossas capacidades, posses, relacionamentos, dignidade e vida; e tememos o desconhecido – a aniquilação do ego. O medo frequentemente se encontra por trás de tentativas de sustentar a vida através de intervenções médicas heroicas, independente da qualidade de vida resultante.

Aceitar a morte como uma parte natural da vida parece simples – tudo o que fica no nosso caminho é o medo de morrer bem – e de viver bem. Apesar de o medo poder ser um terrível obstáculo quando a morte se aproxima, ele pode também ser um aliado, pois empurra as pessoas que estão morrendo e suas famílias a buscar ajuda de natureza espiritual quando a medicina tem pouco a oferecer. O medo pode nos ajudar a ver o que é verdadeiramente importante e nos compelir a priorizar. Dentro de nosso medo, podemos descobrir, estão preciosas sementes de sabedoria. Por causa disso, sou muito cuidadosa em não fazer julgamentos sobre a atitude de uma pessoa em relação à morte – seja ela medo, negação, pesar, desafio, aceitação ou liberação. Muitos de nós experimentamos o medo no âmago de nosso ser. Podemos trabalhar com o medo através da prática, conforme oferecemos espaço para nossos próprios medos e os dos outros. Ao testemunhar desse modo, podemos ajudar uma pessoa que está morrendo e sua comunidade a se abrir para o bom trabalho de observar o medo e deixá-lo guiar-nos através de seu punho cerrado para a mão aberta e o coração da aceitação e ausência de medo. Reunir a coragem para encarar nosso velho conhecido medo pode abrir a grande porta para viver verdadeiramente a morte de alguém. Desse jeito, mesmo uma resposta amedrontada ao morrer pode ser libertadora.

NEGANDO A MORTE

Apesar de frequentemente considerarmos a negação como uma resposta não saudável às dificuldades, ela também pode ser uma adaptação positiva a uma situação catastrófica. Somando-se a isto, pode também ter uma sabedoria própria.

Quando Mary, que tinha linfoma, veio me ver, senti-me tocada por sua aparência. Por causa da quimioterapia, ela não tinha cabelo, sobrancelhas, cílios. Em seu pescoço havia tumores em erupção que a faziam parecer um bonito réptil.

Apesar de seus amigos terem me dito que Mary estava em negação, achei sua negação curiosamente radiante. Em nossa primeira entrevista, ela se inclinou em direção a mim e disse: "Eu não vou morrer". Naquele instante, senti que ela falava a verdade. Nós podemos atravessar nossa própria ilusão como entidades sólidas e separadas, também podemos chegar à conclusão de que ninguém morre.

Um dia a rede de amigas de Mary, cerca de 25 mulheres ao todo, se reuniu. Sentamos em conselho e eu fiz a simples pergunta: "O que vocês estão sentindo?". Elas responderam com sofrimento e frustração. Eu não podia culpar este círculo de mulheres de bom coração. Alguma coisa definitivamente não estava funcionando para elas. Por um lado, incomodava a todas o fato de Mary estar "em negação". Por outro, elas não haviam se organizado completamente, sentiam-se desmoralizadas e seu cuidado com sua amiga era instável. Elas pareciam estar num mundo à parte do dela e ao mesmo tempo a amavam e queriam fazer o seu melhor por ela, enquanto estava morrendo.

Exploramos a questão da negação e como a recusa de Mary em aceitar a iminência da morte poderia em algum nível ser uma reflexão de seu *insight* sobre a imortalidade. Esta era uma possibilidade que poderia libertá-las para aceitar a atitude de negação de Mary.

Também ouvimos profundamente umas às outras. As amigas de Mary não poderiam ignorar que compartilhavam medos e frustrações, uma vez que tinham sido falados em voz alta. Quando elas ouviram umas às outras, mudaram para uma posição de compaixão por si mesmas, assim como uma maior compreensão da perspectiva de sua amiga sobre o morrer. Então nós nos ajustamos para fazer a coisa mais prática, que era criar uma agenda.

Nas semanas subsequentes, pareceu que tudo correu muito mais suavemente. As pessoas apareceram na casa de Mary no horário e trabalharam em aceitá-la exatamente como ela era. Eu também fazia parte da escala e tive a alegria de sentar com ela muitas vezes por semana. Ela e eu ouvimos música, sentamos em silêncio e ocasionalmente conversamos sobre assuntos espirituais simples. E Mary ficou em "negação" até o momento de sua morte, quando ela morreu pacificamente. Suas últimas palavras foram "Eu não estou morrendo". É fácil considerar a negação como um tipo de patologia. Entretanto, em presença no morrer, nós simplesmente não sabemos quando isto pode estar servindo a uma função positiva ou curativa. "A dificuldade", disse o filósofo Ludwig Wittgenstein, "é perceber a falta de fundamento de nossas crenças".[17] Isto é verdadeiramente não saber. Lá no fundo todos nós temos consciência de que iremos morrer. Se ativarmos o espírito de esperança ou sabedoria através da negação, como Mary fez, isto é da nossa conta. Em algumas situações pode ser de grande ajuda e trazer paz às nossas vidas. No caso de Mary, talvez o que estivemos chamando de "negação" fosse seu conhecimento de que uma parte dela nunca iria morrer. Eu não sabia na ocasião e agora, anos depois, ainda não posso tirar uma conclusão, exceto que o momento de sua morte foi marcado por grande paz.

LAMENTANDO A MORTE

A resposta a um diagnóstico catastrófico pode abrir uma grande ferida de tristeza, o luto real sobre a perda antecipada de uma vida ainda não completamente vivida. Um pouco antes escrevi sobre Ann, diagnosticada com um agressivo glioblastoma. Nos seus quarenta e poucos anos, ela era uma pesquisadora e médica criativa. Na época de seu diagnóstico, estava no meio de um projeto de pesquisa sobre o mesmo tumor que agora a estava afligin-

---

17 WITTGENSTEIN, Ludwig. *Da certeza*. Trad. Denis Paul e G. E. M. Anscombe. Oxford, Reino Unido: Blackwell Publishing, 1996. p. 469.

do – estranha ironia. Frequentemente ela era corajosa, algumas vezes objetiva e às vezes insuportavelmente triste.

Perguntei silenciosamente a mim mesma que dádivas esta grande tristeza poderia dar a ela. Este era um pesar insuportável para aqueles à sua volta. Quem poderia confortar alguém tão completamente inconsolável? De fato ninguém poderia, entretanto todos tentaram.

Algumas vezes Ann me chamava e eu ouvia seu lamento escorrendo pelo telefone. Como água escura saindo de um abismo profundo dentro dela, seus lamentos eram como aqueles de uma mãe cujo filho acabou de falecer, de uma esposa cujo marido acabou de ser morto na guerra. A onda de insuportável tristeza era sempre seguida por uma onda de alívio, mas uma onda que lavava o litoral levando embora os entulhos. Nem a desencorajando, nem a consolando, apenas estando ali para ela no meio de seu pesar se tornou para mim um meio de ajudá-la a clarear o caminho para uma maior aceitação da inevitabilidade de sua morte e a perda de tudo o que era precioso para ela, incluindo seu marido, seus amigos, seu trabalho e, finalmente, sua vida.

Apesar de às vezes achar duro testemunhar o luto de Ann, vi o valor disto em ajudá-la a esquadrinhar seu coração de modo que ele se tornou maior à medida que a morte ativa se aproximava. Ter roubado dela a oportunidade de expressar aquela tristeza, consolando-a demais ou tentando distraí-la, teria tirado um pedaço de sua vida que tinha ficado sem se expressar durante seus anos de otimismo. A tristeza natural de Ann deu-lhe a chance de se abrir para um nível mais profundo de compaixão – e se tornou seu guia em direção à morte.

DESAFIANDO A MORTE

Quando a morte é vista como uma inimiga, então a urgência em lutar pode se tornar mais forte e enfática. Desafiando a morte, um amigo meu lutou contra seu fim a cada virada. Ele fez todo o possível para prolongar sua vida, incluindo tratamentos médicos exóticos, tratamentos alternativos incomuns, práticas tibetanas, visualizações, preces, escrever e trabalhar quase até o dia de sua morte. Para muitos de nós a batalha dele era ao mesmo tempo inspiradora e aterrorizante.

Os ensinamentos budistas dizem que as chances de nascer como um humano são tão baixas quanto as chances de uma tartaruga marinha cega, que vem à superfície apenas uma vez a cada 100 mil anos, enfiar a cabeça numa argola dourada flutuante. É durante nossas preciosas vidas humanas que podemos ajudar os outros a transformar seu sofrimento e realizar nossa própria iluminação. Então, apesar de os budistas aceitarem a morte como inevitável, a maioria dos budistas, como todo mundo, irá fazer o que puder para prolongar suas vidas.

Este amigo não era exceção. Ele desafiou a morte, até que a morte o pegou, e nos anos que ele viveu além de seu prognóstico posso dizer que ajudou muitos, muitos de nós.

ACEITANDO A MORTE

Meu primeiro professor era um curandeiro huichol do México, Don José Ríos, a quem chamávamos de Matsúwa. Quando ele estava bem velho, numa manhã, Matsúwa saiu de sua cabana no cume da montanha para morrer sozinho na natureza. Ele aceitou a morte, como tudo que havia aceitado em sua vida. Mas a família de Matsúwa não estava preparada para deixá-lo ir. Depois de alguns dias, eles perceberam o que ele havia feito e foram procurá-lo. Debaixo de uma árvore, longe da aldeia, ele estava deitado lá – pacífico, fraco, morrendo de fome e pronto para desistir de tudo. Ele foi carregado de volta à aldeia e persuadido a voltar à vida. Acho que Matsúwa estava bastante desapontado em ter seu plano interrompido. Ele havia aceitado sua morte, mas sua família não.

Esta história não é tão incomum. Eu não posso lhes contar quantas pessoas encontrei que foram ressuscitadas, apenas para ficar zangadas ou desapontadas por não ter sido permitido que elas aceitassem a morte em seus próprios termos. Morrer uma morte de aceitação requer profunda presença de mente e uma habilidade radical de abraçar o que quer que cada momento traga, incluindo ser salvo da morte.

LIBERANDO A MORTE

Talvez a mais afortunada e rara resposta à morte seja a da realização libertadora. Várias tradições espirituais olham para a morte como uma preciosa e poderosa oportunidade para a iluminação. Quer a iluminação seja ou não possível no momento da morte, as práticas que preparam alguém para esta possibilidade também o trazem para mais perto do cerne da vida.

Chegar a um acordo com a verdade da impermanência é um dos jeitos mais importantes para transformarmos nossa relação com a morte e o morrer. Se formos capazes de perceber que tudo o que estimamos será perdido, não teremos tanto medo da morte. Podemos entender que é simplesmente a ordem natural. Realizar a impermanência é por si só uma profunda purificação de nossa paixão e agressividade e pode nos inspirar a ajudar os outros. Como o serviço budista diz: "Agora vocês realizaram o mundo da impermanência; isto é raro e inconcebível."

Não somente grandes professores morrem de uma morte iluminada. Gisela havia passado por duas rodadas de melanoma e os médicos finalmente lhe disseram que não havia mais nada a ser feito. Aos 75 anos, havia sido uma estudante dedicada de meditação por muitos anos e era uma pessoa genuinamente altruísta; apesar de sua doença às vezes deixá-la triste, ela também parecia ter uma forte atitude de realismo e aceitação. Quando ouviu que sua medula havia sido sobrecarregada com o câncer, Gisela disse baixinho e suavemente: "Que pena". Depois disso, falando comigo, ela compartilhou: "Isto não é tão difícil quanto eu pensei que seria."

Cada encontro nos curtos seis dias entre seu diagnóstico terminal e sua morte foi marcado por paz e alegria. De tempos em tempos, ela levantava das águas profundas do morrer para expressar alegria para aqueles ao seu lado. Para aqueles de nós que fizeram vigília nos seus últimos dias foi possível claramente vê-la cavalgando em direção à morte com uma coragem natural e profundo relaxamento. Seu corpo se decompôs suavemente, e o momento de sua morte foi radiante; arco-íris apareceram no céu sobre sua casa, quando ela morreu. Após sua morte, sentamos com ela por mais três dias. Seu corpo permaneceu incomumente fresco e bonito, com um sorriso adornando seus lábios. Todos sentimos que algo extraordinário havia-se revelado em sua morte: sua liberação era palpável.

Alguém que está livre de medos sabe que no nível mais profundo de realização não há sofrimento, não há nascimento, não há morte. Cada momento é novo e completo – exatamente agora nascendo, exatamente agora morrendo. Todos os fenômenos estão em fluxo. Surfando nas ondas da impermanência, os elementos se juntam como forma e se dissolvem em não forma. Em certo sentido nós nunca nascemos; nunca iremos morrer.

O iogue tibetano Milarepa tinha medo da morte, porque no passado havia vivido uma vida prejudicial e matado outras pessoas. Ele entendia que morrer pode trazer à tona tudo o que tememos e temia que o mal que havia causado aos outros pudesse sitiar sua vida e determinar seu renascimento. Ansiava por realizar sua verdadeira natureza antes que fosse tarde demais. No final, depois de muita prática, era capaz de dizer que o medo da morte o havia guiado para as montanhas cobertas de neve onde ele meditou sobre a incerteza do momento de sua morte. Deste modo ele alcançou o eterno refúgio da verdadeira natureza da mente, e seu medo desapareceu na distância. Àquele ponto, Milarepa experimentou um real triunfo sobre o terror. Quando percebemos nossa verdadeira natureza – aquele espaço absoluto livre de nascimento e morte – é possível habitar este corpo relativo sem medo da perda. Podemos deixar para trás o receio, a negação, o pesar, o desafio e mesmo a aceitação, para ir em direção à verdadeira liberação. Esta é nossa prática para uma morte realizada.

MEDITAÇÃO
Meditação andando

Um dia caminhei com meu pai pelo corredor do hospital onde ele estava morrendo. A terapeuta respiratória percebeu que meu pai e eu nos sentíamos muito confortáveis um com o outro e que eu poderia gostar de encorajá-lo a mover seus velhos ossos e deixar sua respiração fluir melhor. Coloquei meus braços em volta dele e comecei a caminhar vagarosamente, em sincronia com sua respiração. Passo a passo, cuidadosamente, fizemos nossa caminhada pelo corredor, respirando e caminhando no compasso de sua respiração. Isto é uma coisa que eu faço todo dia em casa, no zendô, mas sem meus braços em volta de meu frágil e belo pai.

A meditação andando é uma prática na qual juntamos mente, respiração e corpo. Podemos juntar nossas mãos na altura da cintura ou do peito e deixar o corpo se aquietar do mesmo modo que fazemos na meditação sentada. Os ombros estão suaves, o rosto relaxado e a coluna ereta e viva, e a respiração bem profunda no corpo. Então damos um passo. Começamos inspirando e gentilmente dando um passo com nosso pé esquerdo. Quando o pé toca o chão, nós podemos expirar. Nós apenas deixamos nossa atenção afundar com a respiração até o pé e nos sentimos sólidos e presentes ao completarmos nossa expiração. No espaço antes da próxima inspiração, podemos fazer uma pequena pausa e permitir um sentimento de deixar ir.

Na próxima inspiração, pisamos com o pé direito. Às vezes podemos querer realmente aquietar nossa mente e então podemos prestar bastante atenção à sensação de nosso calcanhar tocando o chão, depois a planta do nosso pé e depois nossos dedos do pé. Podemos sentir cada dedo tocando o chão e então podemos fazer uma pausa até que a respiração esteja completa e sentir a força de simplesmente estar presente.

Esta é a prática de uma respiração, um passo. Podemos ir até mais devagar, como é ensinado em Burma, quando lenta e cuidadosamente levantamos o pé com uma inspiração e expiração. E então gentilmente colocamos a planta do pé e os dedos no chão com uma inspiração e expiração. Ou podemos caminhar mais rapidamente, com um passo inteiro na inspiração e um passo inteiro na expiração. Não importa qual a nossa velocidade, a estrutura do caminhar é normal – o que quer dizer que não levantamos o pé muito longe do chão ou seguramos o pé no ar entre um passo e outro. Se estamos fazendo uma meditação andando bem vagarosamente, simplesmente levantamos o calcanhar do chão mas mantemos a planta do pé enraizada até que tenhamos completado nosso ciclo respiratório.

Se você está caminhando ao ar livre ou pelo corredor de um hospital e quer praticar a meditação andando, apenas relaxe, respire normalmente e tente andar dois passos na inspiração e três passos na expiração. Encontre o número de passos para cada respiração que funcione para você.

O professor vietnamita Thich Nhat Hanh encoraja seus alunos a usar versos com a prática de caminhar. Quando estou ao ar livre, posso dizer: "Andando (um passo) na terra (um passo) verde (um passo)." Ou, se estou andando por um corredor, posso simplesmente contar meus passos ou dizer a mim mesma: "Uma respiração, um passo." Às vezes crio um verso apropriado para um momento particular. Por exemplo, quando caminhava com meu pai, dizia para mim mesma: "Eu sou grata (um passo) por meu pai (um passo)."

Um aluno meu do Nepal nunca tinha praticado meditação andando antes, apesar de ter vivido em um monastério desde que tinha seis anos de idade. Realmente o surpreendeu que a prática fosse tão agradável. Às vezes encorajo médicos e enfermeiros a usar isto como um meio de ajudá-los a transformar o jeito quase sempre apressado e atormentado como se movem pelo hospital. Também descobri que a prática era um maravilhoso presente a oferecer para uma pessoa idosa, ou alguém que esteja doente e precise se mover. Caminhar com as pessoas idosas e frágeis une vocês de uma nova e íntima maneira que pode gerar profunda confiança.

14

ABRAÇANDO A ESTRADA
Como nos lembramos, acessamos, expressamos e encontramos significado

Quando meu amigo Steven entrou na fase inicial do processo ativo de morrer, escreveu para mim expressando sua preocupação e frustração com os tubos de oxigênio em seu nariz. Minha resposta para ele:

Querido Steven,

Você está prejudicado e esta é uma difícil estrada na qual você esteve viajando. Você ajudou a tantas pessoas, esteve lá para tantos e agora encara a morte com o ar sendo espremido de seus pulmões. Como você me ensinou a aceitar a verdade de cada momento, não importa o quão crua ela seja, então esses momentos estão sendo oferecidos a você, e você não pode recusar.

No budismo, refletimos, meditamos sobre e aguardamos a morte. E, quando ela se aproxima, nossa coragem é testada.

Rezo para que você não tenha expectativas, mas também sei que, o que quer que você passe, dizem que o momento de liberação é o grande portão para a liberdade. Espero que estejam dizendo a verdade. Acredito nisto, e, ainda assim, a prova está na nossa experiência disto.

Amor, Joan

Querida Joan,

Eu dou boas-vindas à morte. É o morrer que é uma chatice. Como podemos torná-lo mais fácil?

Obrigado pelo banquete que você trouxe à minha mesa.

Steven

Querido Steven,

A Suprema Refeição é feita de todos os ingredientes desta vida, mesmo os azedos e amargos.

Você me perguntou como podemos tornar o morrer mais fácil. Devo dizer-lhe a verdade: eu não sei. Mas aqui estão alguns conselhos simples.

Encontre paz nas pequenas coisas.

Aprecie sua vida, todo o bem que você fez. Isto é realmente importante.

Considere como os outros estão sofrendo, talvez de um modo parecido com o seu. Compaixão é uma caixa do tesouro.

Faça as pazes com aqueles à sua volta.

Mas a verdade é que apenas fazemos o melhor que podemos. De algum modo queimamos tudo isso, mais cedo ou mais tarde.

Sinto que o horizonte do morrer pode parecer muito pequeno quando o estamos atravessando, mas ele envolve toda a Via Láctea e nos leva para casa, para a infinidade que nós realmente somos.

Oh, querido Steven, acho complicado aceitar que você está morrendo de forma tão difícil. Queria que fosse o contrário.

E é desse jeito que é a morte: crua e imprevisível.

Você está em minhas preces e em meu coração,

Joan

Querida Joan,

Voltarei a você para fazer mais perguntas, antes de me juntar à Via Láctea, se e quando a fatalidade do carma permitir.

Sinto sua compaixão tão profundamente em meu coração e não posso ignorar sua sabedoria.

Não sei ao certo o que você quer dizer com "morrendo de forma tão difícil." Eu deveria morrer como um verme ou como um puma? Qualquer dos jeitos está bem. Você está me dizendo que eu deveria "ir suavemente para aquela boa noite"?

Por que estas cinzas são derramadas? E minha mulher, minha família, meus filhos e netos? Você sempre foi uma excelente professora sobre o carma.

Você também está em minhas preces e em meu coração.

Steven

Não havia mais energia da parte dele para escrever. Lentamente seus pulmões se encheram e foi isso. O médico do hospital e sua mulher respiraram com ele, quando ele encontrou sua morte. Disseram-me que ele morreu como um puma.

Steven queria saber o significado de seu viver e morrer e, conforme se aproximava da morte, olhou através do recheio de sua vida para ver o que havia lá e viu significado em seus relacionamentos e nas poesias e canções que amava. Apesar de eu não saber ao certo se ele encontrou uma resposta que o satisfizesse, sei que sua busca por significado não é incomum de jeito nenhum.

Existe quase sempre um desejo da parte de quem está morrendo de se lembrar, revisar, acessar e encontrar significado em sua vida. Se a pessoa que está morrendo for capaz, completar estas tarefas pode ocasionar uma impressionante quantidade de cura para ela, assim como para os que sobrevivem à sua morte.

Um neto senta à beira do leito, ouvindo um velho homem contar a história de sua vida; um gravador captura suas palavras, preserva sua história e dá dignidade e importância à narração. Uma família ajuda uma mãe que está morrendo de câncer de mama a fazer um álbum de recortes, refletindo sua vida; sua cama está cheia de fotos, amigos e crianças enquanto esse processo acontece. Um pequeno altar é colocado junto de um homem que está morrendo e sua família e amigos; o altar é adornado com tesouros de uma vida bem vivida. Um bom homem com Alzheimer compartilha seu coração e sua verdade com a mulher e sua mente lenta, mas seguramente, cai no crepúsculo; quando os últimos lampejos de sua mente conceitual se desvanecem na escuridão, ela alcança o vazio para assegurá-lo de que suas palavras e sabedoria irão continuar vivendo através da escrita dela. Uma paciente que está morrendo solicita que uma câmera de vídeo seja instalada em seu quarto, e ela fala com a câmera, contando para nós como é morrer e como foi viver; anos após a sua morte, sua irmã estabelece uma linha telefônica para pessoas com doenças irremediáveis, sabendo o quão importante é para a pessoa que está morrendo ser ouvida – e quão importante é para o resto de nós escutar.

O fundador do hospital zen, Frank Ostaseski, conta uma maravilhosa história sobre um jovem descolado de cabelo verde e *piercings* na orelha que foi ser voluntário em um hospital na área da baía de São Francisco. Este jovem não estava particularmente encorajado a participar e estava de fato deixando o hospital quando correu até um jovem médico na saída. O médico perguntou aonde ele estava indo e o jovem rapaz explicou que havia vindo para ser voluntário, mas agora não sabia se isso era uma boa ideia. "O que você ama fazer?", o médico perguntou, e o jovem rapaz disse que gostava de fazer filmes caseiros. Então o hábil médico convidou-o a fazer uma tentativa na enfermaria do hospital.

Antes que qualquer um soubesse direito o que estava acontecendo, o garoto começou a filmar os pacientes, perguntando aonde eles gostariam de ir, se pudessem deixar o hospital. Um disse que à praia; outra mencionou um bar local; um terceiro gostaria de poder visitar sua antiga casa. Então o jovem rapaz foi à praia e filmou as ondas indo e vindo. Ele filmou o bar favorito da mulher que estava morrendo, pedindo seu drinque habitual – um Mai Tai. Ele até conseguiu pedir para entrar e filmar a casa antiga do paciente, apesar de ela já ter sido ocupada por outros. Finalmente, voltou para o hospital e fez um festival de cinema, assistido pelos pacientes e cuidadores. Frank disse que todos se divertiram muito, mesmo os vídeos sendo um pouco excêntricos.

Quando meu próprio pai começou a experimentar o processo ativo de morrer, minha irmã, seus filhos e eu fomos convidados a ouvir um rápido relato de sua vida. Ele nunca havia falado sobre suas experiências de guerra, e agora era o momento. Parecia finalmente estar deixando ir as memórias que o assombraram por 60 anos. Ele também nos presenteou com seu sucesso nos negócios e nos encantou com histórias sobre seu amor por nossa mãe. Tivemos que segui-lo e prestar atenção para nos mantermos junto com ele – era como percorrer sua vida inteira de trás para frente.

Instintivamente sentimos que ele realmente queria essa oportunidade de rever seus anos e estávamos genuinamente interessados. Em determinado ponto, eu havia ficado a noite toda com ele e deixei a cabeça cair por um momento de descanso – mas em poucos minutos ele insistiu que eu acordasse e estivesse ali para suas histórias finais, bendito seja. Apesar de cansada, eu estava encantada que ele pudesse finalmente nos contar o que realmente necessitava de nós, e que nós pudéssemos estar ali para ele. Ouvimos enquanto ele fazia um resumo de uma vida vivida com amor, energia e integridade. Ele parecia saber, talvez pela primeira vez, o quanto havia doado e amado, e todos nós pudemos senti-lo junto com ele.

Nossa escuta lhe ofereceu a chance de descobrir significado em recontar sua história, resolver sentimentos e revelar um sentido de propósito na experiência de morrer. Mas, misteriosa e poderosamente, sua narração nos ajudou também. No círculo de intensa intimidade em volta de sua cama, as crianças, minha irmã e eu fomos trazidas para um grande senso de amor e apreciação por ele e uns pelos outros através de sua presença e suas palavras. Quando ele não tinha mais energia, tornou-se quieto e então escorregou para o silêncio até perto de sua morte.

De novo e de novo, neste trabalho miraculoso com a morte, nós vemos como aquilo que ostensivamente ajuda o que está morrendo também tem o mais profundo e duradouro benefício para os sobreviventes. Quando aparecemos para servir, quando estamos presentes para as histórias ou o resumo da vida do ser que está morrendo, aquele grande coração de compaixão, tão largo quanto o mundo inteiro, é convocado e pode crescer entre nós e nos abençoar.

Senti este terno coração em mim mesma quando meu pai estava efetivamente morrendo. Eu não trabalhei por ele ou chamei por ele; não era nenhuma habilidade especial de minha parte. Ao contrário, este coração foi espontaneamente posto em serviço no momento de seu mais agudo sofrimento. Quando me sentei com ele durante sua última noite, seus braços feridos e arranhados de tanto se debater, o sangue escorrendo de sua boca por morder lábios e língua, eu apenas podia segurá-lo e agradecer, de novo e de novo, por todo o amor que ele me havia mostrado. O conforto que lhe dei foi simplesmente gratidão ilimitada. Eu não podia encontrar outras palavras. Apenas a repetição de palavras de agradecimento e gratidão que nos carregaram através daquela terrível destruição que vem antes da paz final da morte.

Quando segurei sua cabeça e sussurrei em seu ouvido, não era eu falando, mas o coração do mundo. Só percebi isso muito mais tarde; naquele momento eu não tinha pensamentos, apenas o transbordamento de um coração partido e grato. E é deste mesmo quebrantamento, paradoxalmente, que podemos começar a costurar aquele tecido completo de conclusão, encontrando significado no sofrimento ou nos pequenos e simples momentos de conexão, quando nos permitimos comparecer para eles completamente.

MEDITAÇÃO
Deixando ir através da respiração

Deixe seu corpo se aquietar, conforme você muda e se acomoda na sua estável postura sentada. Costas fortes, frente suave.
Lembre por que você está meditando. Cultive um bom coração de bondade e altruísmo.
Traga sua atenção suavemente para sua respiração. Permita-se respirar natural e confortavelmente. Tome consciência da respiração entrando e saindo pelo seu nariz.
Traga sua atenção para o toque de sua respiração no nariz, por onde o ar entra. Gentilmente mantenha sua atenção neste ponto.
Se você perder contato com este ponto de atenção, quando perceber que se perdeu, traga sua mente de volta à respiração.
Pensamentos, sentimentos e sensações surgem, enquanto você está respirando. Isto é natural. Eles são como ondas numa praia ou folhas caindo. Não é preciso se agarrar ou se identificar com estes fenômenos. Aceite que isto está acontecendo e mantenha sua atenção em primeiro plano na respiração.

Tome consciência da qualidade de suas respirações. Elas são longas ou curtas, rasas ou profundas? Deixe sua mente tocar e estar consciente da qualidade de sua respiração, enquanto você mantém sua atenção em primeiro plano no ponto onde a respiração entra pelo nariz.

Aceite cada momento como ele é. Não tente fazer nada ou tirar nada desta experiência. Simplesmente acolha o que quer que esteja surgindo e deixe sua atenção descansar em sua respiração. Deixe sua atenção penetrar na experiência da sensação de respirar. Se pensamentos surgirem, simplesmente tome consciência de sua presença e movimento na mente, e volte para a respiração. Não convide seus pensamentos para o chá. Apenas deixe-os surgirem e morrerem.

O mesmo vale para sentimentos e sensações – momento a momento, pensamentos, sentimentos e sensações surgem na nossa experiência. Então eles passam de nossa experiência. Deixe-os surgir e morrer na vacuidade. Não há necessidade de fazer nada além de manter a atenção suavemente em sua respiração.

Quem nós sentimos que somos também surge da vacuidade e irá morrer na vacuidade. Não se agarre a nenhuma ideia ou descrição. Abra mão do senso de uma identidade sólida e permaneça com o fluxo de sua respiração.

Todas as coisas em nossa experiência, seja o corpo, ou a mente, ou o mundo, surgem e morrem. Simplesmente mantenha a atenção suavemente no fluxo de sua respiração e deixe acontecer o surgir, a duração e o passar dos fenômenos, incluindo sua própria vida.

15

NO MEIO DA VIDA, NO MEIO DAS PESSOAS
Como perdoamos, reconciliamos, expressamos gratidão e amamos

Quando Donald jazia morrendo de câncer de pulmão, pediu para falar com seu pai. Esses dois homens não se haviam encontrado nem se falado por muitos anos. Donald havia deixado o lar ainda bem jovem, pois seu pai era alcóolatra e havia abusado fisicamente dele. Perto da morte, Donald percebeu que o abuso estava num passado distante e de repente entendeu que o pai também havia sofrido. Donald sentiu que ele tinha que se reconciliar com seu pai imediatamente ou nunca.

É estranho – tudo em nossa vida, nossa sabedoria inata nos diz para deixar ir, relaxar e abandonar esforços amedrontados de controlar. Mas nosso condicionamento cultural e nossa história pessoal aconselham a agarrar-nos às pessoas, experiências e realizações. "Nunca abra mão de nada – este é o caminho para ser feliz", sussurram as vozes – ou às vezes gritam. E então gastamos nossas vidas inteiras em uma batalha entre aquela profunda sabedoria interna e a mensagem cultural sobre apego e controle. A presença no morrer é sobretudo o tempo para voltar-se para a confiança e repousar na voz da verdade interior.

O perdão, uma forma de se render, quase sempre se torna especialmente significativo conforme a morte se aproxima. Quando Donald soube que não tinha muito tempo, subitamente a reconciliação passou a ter importância iminente. Ele e o pai se encontraram de novo, após décadas de silêncio, e mais tarde Donald disse a um amigo íntimo que o encontro deles fora muito além do perdão; ele usou a palavra redenção para descrever o breve tempo que passaram juntos.

Promover este tipo de perdão pode ser uma experiência intensamente pungente, exigindo confiança e presença. Como cuidadores, podemos ser chamados a ser a ponte entre margens de culpa e mal-entendidos, há muito separadas, e ajudar a reparar o senso de quebrantamento que despertou com a perda antecipada. Talvez influenciada por nossa calma aceitação das coisas como elas são, a pessoa que está morrendo possa achar um jeito de perdoar e abrir mão da raiva e da tristeza há muito sustentadas. Perdoar pode fazer uma significativa diferença para todos, incluindo sobreviventes e sua experiência de luto.

Junto com expressar gratidão e amor, criar um espaço para o perdão e a reconciliação pode ajudar a transformar a tristeza, o arrependimento, a raiva e o desapontamento; estas ações, centradas em torno da relação, frequentemente tornam mais fácil para quem está morrendo abrir mão de qualquer medo remanescente, ansiedade, inquietação, ou senso de fracasso e incompletude em relação à família, amigos e amados.

Curiosamente, a maioria de nós pensa que antes de morrer teremos tempo para cuidar de nossos relacionamentos caducos, curar antigas feridas e fazer as pazes com aqueles ao nosso redor. Entretanto, como saber que não iremos morrer de morte súbita, sem tempo para completar estas tarefas? Quem sabe se nós sequer saberemos quem somos, quando estivermos nos aproximando da morte, caso tenhamos demência ou Alzheimer. Lembre-se das nove contemplações e da inevitabilidade da morte; seu *timing* é completamente incerto, e lembrar desta verdade pode nos ajudar a reordenar nossas prioridades. Uma das últimas contemplações na série lembra-nos que não podemos saber qual será a causa de nossa morte. Cuidar de nossos relacionamentos ao longo do caminho pode não ser uma coisa ruim a fazer. Se não morrermos de morte súbita e formos suficientemente persuasivos e emocionalmente presentes, então talvez sejamos afortunados o suficiente para perdoar e oferecer amor. Mas pensar sobre estas questões agora nos lembra de não esperar para viver uma vida mais amorosa, menos processo de arrependimentos e mais experiência de completude, ou mesmo celebração. Melhor apreciar nossas vidas e nossos preciosos relacionamentos agora, enquanto ainda podemos!

Se a pessoa que está morrendo tiver tempo, entretanto, seus cuidadores podem ajudá-la a colocar seus assuntos interpessoais em ordem. Quantas vezes os sobreviventes são deixados com um senso de negócio inacabado os assombrando, feridas que levam um longo tempo para curar e prolongam o luto, tornando o sabor diário da vida azedo e amargo. E, então, ter a chance de curar quaisquer traições, perdoar e ser perdoada, torna mais fácil para a pessoa que está morrendo deixar ir e relaxar no espaço sem obstáculos.

Muitas tradições espirituais dizem que os últimos pensamentos de uma pessoa que está morrendo têm profundo significado. Se estivermos presentes para o perdão, podemos mais facilmente partilhar os bons eventos da vida de uma pessoa, relembrando-a dos aspectos benéficos do passado – tal como as pessoas que ela amou e a gratidão que tem por elas – ajudando-a a suavizar seu estado mental e encontrar a paz. Recordá-la de suas mais valiosas conexões pode ajudar a relaxar e abrir o horizonte da pessoa, nutrindo um maior senso de claridade e valor, tornando o morrer menos uma batalha ou uma experiência marcada pelo arrependimento.

Outras tarefas interpessoais de quem está morrendo são mais sutis e podem ser menos intuitivas para os cuidadores. Um aspecto que se pode abordar sem muito apego é quem o paciente deseja que esteja presente em sua morte.

Surpreendentemente com frequência, as pessoas morrem enquanto seus cuidadores deixaram o quarto; imagino que elas simplesmente querem morrer pacificamente e sozinhas. Quantas vezes vi a pessoa esperar até todos estarem fora do quarto para deixar-se ir! Talvez esta pessoa queira se libertar de toda aquela atenção que a mantém na vida. Algumas pessoas querem que sua família não esteja lá, porque sentem um apego muito forte, positivo ou negativo, aos membros da família. É possível que sintam, e talvez corretamente, que a família os impediria de uma liberação graciosa e que é mais fácil morrer entre estranhos compassivos ou sozinhas. Se este for o caso, a família vai geralmente precisar de uma grande quantidade de suporte para aceitar esta decisão.

Um homem sentiu que sua família não poderia suportar cuidar dele quando estava morrendo de AIDS. Quando o visitaram, ele se sentiu agitado e exausto por sua presença, e eles estavam desesperados com a tristeza de sua condição. Compartilhei com eles, tranquilamente, que achava que ele estava aos poucos abrindo mão de sua vida e de tudo que estimava, incluindo eles. O filho sentiu-se grato por ter a oportunidade de dizer adeus, mas não queria que eles sofressem, enquanto ele assistia à lenta dissolução de seu corpo. Ele se desapegaria mais facilmente com aqueles que não eram sua família. A família entendeu, pareceu aliviada e afastou-se, encontrando outros meios de lidar com o luto antecipado.

Algumas pessoas querem ser seguradas quando estão morrendo, como Issan, que morreu nos braços de seu bom amigo. Outras pessoas não querem ser tocadas; querem apenas que o cuidador esteja presente. Algumas pessoas irão esperar que o cuidador deixe o quarto, porque morrer sozinho é o que eles precisam fazer. Algumas pessoas querem toda a família lá, como o jovem afro-americano morrendo de falência renal, cuja família rodeou sua cama de hospital cantando *gospel*, enquanto ele caducava num delírio terminal. Algumas pessoas querem total controle do processo: "Sem ajuda, por favor". Algumas pessoas precisam que falem com elas durante o processo de morrer: "Eu irei com você tão longe quanto eu puder", disse uma cuidadora para a pessoa que estava morrendo sob seus cuidados. Algumas pessoas desejam a graça e a liberdade do profundo silêncio.

Tarefas interpessoais frequentemente dependem de diferenças culturais, e a sensibilidade intercultural deve ser cultivada conforme trabalhamos com pessoas que estão morrendo e comunidades de culturas diferentes da nossa. Há tantos costumes diferentes, necessidades culturalmente determinadas, questões relacionadas às percepções de doença e morte, intervenções, gênero e idade, nuances do relacionamento cuidador/paciente, sistemas de crenças e práticas religiosas e espirituais que modelam nosso relacionamento com a comunidade. Podemos facilmente ofender os outros, sem perceber, ao violar limites culturalmente determinados e preferências pessoais. E quem está morrendo pode estar se reconciliando com seu histórico cultural tanto quanto com membros da família.

Sou grata pelas várias prescrições para acompanhar os que estão morrendo que me foram dadas ao longo dos anos. Entretanto quando me sento de fato com uma pessoa que está morrendo, tenho que deixar todos esses maravilhosos ensinamentos de lado, me aquietar com a respiração e me deixar ser guiada pela verdade do momento. Ao deixar quem está morrendo tomar a liderança, ela irá nos comunicar, de um jeito ou de outro, o que é apropriado para ela, quem ela precisa ter por perto e com quem precisa fazer as pazes e expressar seus mais profundos e íntimos sentimentos de gratidão e amor.

MEDITAÇÃO
Moradas ilimitadas para transformar relacionamentos

Com as seguintes moradas ilimitadas, escolha frases que sejam pessoalmente significativas para você e use-as em sua prática. Você pode alterá-las do jeito que quiser ou criar as suas próprias. Lembre-se de que as práticas também podem ser usadas por cuidadores.

Para começar, encontre uma posição o mais confortável possível, sentada ou deitada. Faça algumas respirações profundas, para deixar seu corpo se aquietar. Atente para sua respiração e comece a dizer as frases escolhidas silenciosamente, no ritmo da respiração. Você também pode experimentar apenas ter sua atenção focada na frase, sem a âncora da respiração. Sinta o significado do que você está dizendo, sem tentar ou forçar nada.

- Que eu possa me abrir com os outros e comigo mesmo sobre minha morte.
- Que eu receba o amor e a compaixão dos outros.
- Que eu perdoe a mim mesmo por erros cometidos e coisas deixadas por fazer.
- Que todos aqueles a quem eu tenha prejudicado me perdoem, e que eu possa perdoar aqueles que me prejudicaram.
- Que a bondade sustente meus cuidadores e a mim mesmo.
- Que eu e todos os seres possamos viver e morrer pacificamente.

16
A GRANDE QUESTÃO
Não há um jeito certo

Uma vez um jovem praticante zen estava andando pelas ruas de Kyoto, quando ouviu alguém gritando. Ele correu em direção ao som o mais rápido que pôde e ficou chocado ao ver seu professor sendo espancado até a morte por ladrões. Não havia nada que ele pudesse fazer; os ladrões fugiram e o professor morreu diante de seus olhos.

O aluno não só estava horrorizado pela morte do professor, mas pelo fato de que seu supostamente iluminado mestre havia morrido gritando. Ele ficou morbidamente deprimido, até que o professor seguinte finalmente perguntou o que estava errado. Ele despejou toda a história, esperando que o novo professor também desaprovasse. Mas, para sua surpresa, o professor concordou com a cabeça. É totalmente natural, ele disse ao aluno, gritar quando se está sendo espancado até a morte!

Nós já vimos algumas respostas comuns para o morrer: temer a morte, negar a morte, desafiar a morte, aceitar a morte e liberar a morte. Mas há uma imensa variabilidade em como as pessoas se relacionam com seu processo de morrer, às vezes mudando rapidamente de momento a momento. Nosso trabalho em presença no morrer é aceitar mesmo as mais inaceitáveis e não admissíveis abordagens da morte e perceber que elas também são normais, exatamente como o mestre zen que morreu gritando. Nós chamamos isso de "as ondas de nascimento e morte". Nosso desafio é aprender a não nos afogar nessas ondas, mas surfar nelas livremente. Morrer envolve experiências psíquicas e espirituais intensas, algumas das quais podem ser prazerosas e mesmo inspiradoras e algumas muito desagradáveis. Quando a pessoa que está morrendo bate numa parede, devemos estar preparados para trabalhar com os aspectos duros, brutos e arriscados do morrer, como dor, sofrimento obsessivo, negação, transferência negativa (e positiva), depressão, raiva, culpa, vergonha, mente julgadora, alucinações e visões, confusão, medo, luto, incluindo luto antecipado, e perda. Essas experiências são realmente aceitar a morte como o último momento da vida e perceber de algum modo que as experiências de maré baixa são onde aprendemos.

O caminho que o morrer segue frequentemente não se adapta às nossas expectativas. Conheci uma enfermeira de hospital que se sentou com sua mãe em casa, quando ela estava morrendo. Embora a mãe tivesse sempre sido uma pessoa alegre, conforme se aproximava da morte tornava-se mais e mais raivosa. Quando ela começou a gritar de raiva, a filha foi profundamente abalada. Mas, no cerne de seu ser, ela sentia que simplesmente devia testemunhar a fúria de sua mãe, sem responder. No final de quatro dias miseráveis, a mãe repentinamente relaxou, sorriu e morreu pacificamente.

Esta enfermeira disse-me mais tarde que sua mãe teria sido medicada para diminuir a raiva, se ela estivesse em uma instituição. Embora estivesse bastante incerta sobre permitir a extrema expressão de fúria da mãe, em retrospecto sentiu que era a raiva que havia sido reprimida durante toda sua vida. O olhar de alívio e liberação no rosto da mãe enquanto morria era tudo o que a filha precisava ver para saber que havia feito a melhor coisa para ambas.

Às vezes as pessoas que estão morrendo vão passar por intenso sofrimento e acordar se sentindo redimidas. Uma pessoa nesse momento pode experimentar estados mentais angustiantes, incluindo raiva, agressão, arrogância, mania, depressão e delírio.

Somos chamados a presenciar tudo isso. Estas experiências mentais às vezes são "gerenciadas" como problemas, e a pessoa que está morrendo é tratada como se estivesse sofrendo uma crise psicológica. Mas muitos de nós aprendemos que estas experiências são uma parte normal do morrer. Elas muito frequentemente são um território na geografia do morrer, e em alguns casos podem até ser benéficas. Nós é que geralmente somos incapazes de tolerar estas experiências incomuns, e frequentemente são os aturdidos e amedrontados familiares e amigos que insistem em medicar a pessoa que está morrendo. Em outras vezes, claro, a medicação pode ser de grande ajuda para deslocar o sofrimento. Tente verificar o que é melhor para a pessoa. Deixe-a assumir a liderança na sua própria morte.

Anteriormente compartilhei minha correspondência com Steven, que morreu de uma doença nos pulmões. A seguinte é uma carta de seu médico, participante do nosso treinamento profissional para clínicos:

> Como tudo o que fez em sua vida, Steven foi embora lutando. No último dia, pediu oxigênio contínuo. Quando sua respiração ficou terrivelmente penosa (e muito depois de ter ficado inconsciente), desligamos o oxigênio. Eu acreditava plenamente que ele fosse morrer em minutos. Não, não o Steven. Nunca do jeito mais fácil. Ele ainda penou, minutos se transformando em horas. A família e os amigos começaram a ler poesia – Blake Wordsworth – preparando-se para uma noite que parecia não ter fim. Em determinado ponto, pensei em meditação conjunta, mas não conseguia imaginar como poderia fazê-lo. Agora era tarde, pensei. Então, sem ter nenhuma ideia do que estava fazendo, e ainda sem previsão imediata de um fim para sua agonia, comecei a falar em seu ouvido, minha testa quase repousando na dele, minha mão esfregando seu peito len-

tamente em suaves círculos, enquanto eu sussurrava para ele relaxar, para diminuir o ritmo da respiração, para ficar tranquilo. Em minutos seu padrão de respiração ficou mais lento, a qualidade penosa indo embora. Alguns minutos mais tarde, quando a respiração tinha ficado ainda mais lenta, o fim claramente próximo, chamei outra pessoa para me substituir ao seu lado e com ela sussurrando em seu ouvido ele morreu silenciosa e pacificamente. Um longo e difícil parto terminado. A noite completa. Um homem renascido em outro mundo.

Ao longo dos anos, perguntei a muitos cuidadores profissionais se eles haviam testemunhado um momento agonizante de morte. Muito poucos responderam que sim, observando que, na experiência como um todo, tal momento era uma exceção. A tarefa pode ser completada mesmo após uma batalha durante o processo ativo de morrer, pois em última análise seres humanos parecem ser muito bem desenhados para morrer. Nossas faculdades mentais tendem a se decompor antes de o corpo se liberar. Mas com frequência há resistência quando se entra no processo ativo de morrer, uma fase caótica da jornada que pode ser assustadora para aqueles que precisam testemunhá-la. É quando nos apoiamos mais fortemente nos nossos fundamentos de não saber e testemunhar o que quer que seja, exatamente como é.

Não saber e testemunhar têm sido meus refúgios e guias na presença no morrer por muito tempo, embora não usasse essas palavras para descrever como eu trabalhava com o encontro com a morte. Nos idos de 1980, passei vários anos indo e voltando do Sul da Califórnia para Seattle, para estar com John e Kenny, que tinham AIDS. John morreu primeiro e todo o nosso amor por ele, todo o nosso acolhimento a ele, todo o suporte oferecido a ele pareceram beneficiar muito pouco. Ele apenas sofreu e então sofreu um pouco mais. Até o final, não podia acreditar que estava de fato morrendo. Por fim, desenvolveu demência e perdeu a mente. Morreu uma morte dura – dura para ele e para aqueles de nós que estávamos perto dele. Aprendi que às vezes tudo o que podemos fazer é estar presentes. Nós somos impotentes para mudar a maré de sofrimento, do morrer e da morte.

Depois da morte do parceiro, Kenny mudou-se para um pequeno quarto em uma casa de tijolinhos no Bronx. Sempre que eu ia a Nova York ia visitá-lo. Sentada em sua cama, ouvia seu pedido tranquilo de que eu o ajudasse a morrer. Podia entender por que Kenny queria tirar sua vida. Parecia que ele tinha muito pouco para que viver. Estava só na maior parte do tempo em um pequeno e sufocante quarto, num canto desolado de Nova York, com poucas visitas e quase nenhum suporte. Convidei Kenny para morar comigo, mas ele declinou, dizendo que queria ficar na Costa Leste, perto de sua irmã. No final, eu tinha muito pouco a dar para Kenny, exceto pela presença. Meditamos juntos e compartilhamos momentos de profunda paz. Então, uma noite, Kenny me disse: "Você sabe, é outubro agora. Em novembro eu vou para a fazenda de minha irmã e vou me deitar sobre a terra e morrer".

E isso foi exatamente o que ele fez. Ele escolheu a hora de sua morte e tirou sua vida. Ele o fez pacificamente, perto daqueles que ele mais amava, da terra que ele havia cuidado desde criança. Ouvi daqueles que estavam com ele que levou muito tempo para morrer, mas que estava presente durante todo o processo.

Presença no morrer quase sempre significa testemunhar e aceitar o insuportável e o inaceitável. Eu não estava confortável com a decisão de Kenny de tirar sua própria vida, mas tampouco aconselhei-o contra isto. Gostaria de ter-lhe dado um motivo para viver; mas depois senti que o último ato de sua vida pode ter sido um jeito de Kenny escolher o que ele sentia estar certo para si mesmo e para aqueles à sua volta. Seu sofrimento estava sendo extirpado e sua morte natural estava próxima. Ele disse aos cuidadores que queria estar presente durante seu processo de morrer. E, embora pouco dele tivesse sobrado enquanto morria, parece que ele foi capaz de estar presente conforme cortava o nó que o unia a este mundo.

Como cuidadores, devemos estar preparados para explorar com as pessoas que estão morrendo e suas comunidades assuntos relacionados com qualidade de vida, incluindo o uso de intervenções na tentativa de prolongar a vida e assuntos que dizem respeito a uma morte antecipada. Acredito que nossas próprias crenças e sentimentos sobre esses assuntos não são importantes. Devemos criar confiança e assegurar que as pessoas possam explorar e discutir esses assuntos abertamente. É especialmente crucial explicar o que diretrizes avançadas implicam e como prepará-las. Queremos que as pessoas saibam realmente dos possíveis resultados da ressuscitação ou do uso de intervenções extremas, e ajudar as pessoas a estarem preparadas para o melhor e para o pior. Nós também queremos ter as famílias e a comunidade preparadas por meio da criação de uma atmosfera de confiança, e o que quer que eles escolham, queremos apoiar nosso ente querido que está morrendo o mais suavemente e com a maior equanimidade possível, aquela combinação das costas fortes com a frente suave, do homem de ferro e da marionete.

Outra história como a de Kenny entrou em minha vida quando, anos atrás, uma mulher mais velha pediu que a apoiássemos enquanto ela estava morrendo de uma rara desordem neurológica. Depois de alguns meses, ela chegou à conclusão de que não queria continuar vivendo com suas capacidades decrescendo rapidamente e sua dor crescente. Através dos meses, gentil e firmemente tentamos achar meios de lhe oferecer mais amor e apoio. Mas ela estava determinada a terminar sua vida.

Ela tentou mais de uma vez acabar com a vida, mas não conseguiu. Cada vez que engolia as pílulas, sua parceira ligava para a emergência e um time de resgate chegava e a ressuscitava. Seu ódio a esses resgates era violento e ela tinha estado em uma instituição psiquiátrica quando jovem e sentia uma raiva profunda de que outros estivessem controlando seu destino. Não era uma questão de amor e razão intervir para encerrar este ciclo de desgraça. Todas as questões espirituais e práticas não significavam nada para ela diante de sua história.

Nossa equipe relutantemente disse-lhe que não poderíamos apoiar seu suicídio, apesar de nós a amarmos e respeitarmos. Éramos legalmente obrigados a "pedir ajuda". Diante disto, ela e sua parceira concordaram em não nos informar, nem a mais ninguém, se ela tentasse suicídio novamente e, deste modo, elas podiam deixar as coisas tomarem seu curso. Conhecendo as duas, imagino que esta foi uma decisão difícil; tampouco a nossa era uma decisão fácil.

Numa manhã de quarta-feira o telefone tocou. Nossa amiga tinha tentado suicídio. Desta vez ela havia entrado em coma e num estado vegetativo. Quando me chamaram, estava daquele jeito havia quatro dias. Imediatamente dirigi até sua casa para encontrá-la inconsciente e completamente caótica, a respiração irregular, o corpo lançado como destroços em ondas tempestuosas.

A enfermeira do hospital e minha assistente, que a conheciam bem, pediram que eu passasse algum tempo sozinha com ela. "Ela gostaria disso", elas disseram. Sentei-me ao lado da cama e segurei suas mãos nas minhas. Seus olhos estavam vazios, seu corpo se contorcendo e suando profusamente. Comecei a respirar com ela, dizendo-lhe que ela era amada e que estava tudo bem em abrir mão. Nós respiramos juntas e aos poucos, quase imperceptivelmente, comigo dizendo baixinho "sim" na sua expiração, sua respiração acalmou-se e tornou-se mais e mais leve até que finalmente ela deslizou e se foi.

Às vezes, tudo de que um ente querido que está morrendo uma morte difícil precisa é permissão para ir embora, e saber que foi amado. Preces, práticas de devoção e bênçãos de professores, parentes e amigos podem ajudar a transformar a atmosfera. O pai de uma amiga lutou no processo ativo de morrer até que ela lhe disse: "A morte é segura, a morte é segura", citando o pioneiro da consciência Ram Dass. O pai agarrou-se à frase como a uma corda de segurança e repetiu-a até seu último suspiro, usando-a como um bote para carregá-lo para a outra margem.

Outra cuidadora usou a oração do Pai Nosso como seu bote, durante a vigília noturna que fez à beira do leito da mãe. Eu mesma flutuei no sutra do Coração, recitando-o suavemente sob minha respiração. E quantas vezes ouvimos membros da família encorajarem seus parentes que estavam morrendo: "Vá em direção à luz", "Está tudo bem em morrer", "Nós estamos com você", "Você é amado e pode deixar-se ir", ou mesmo, simplesmente, "Obrigado por tudo o que você fez por nós". Nas horas finais de meu pai, apenas podia agradecer-lhe repetidamente por tudo o que havia feito por mim e por tantos. A simples gratidão pode segurar nossas mãos bem apertadas nos momentos mais escuros, se conseguirmos nos manter eretos em meio à tempestade.

Para ilustrar a entrega no morrer, Henri Nouwen usou a história de um trapezista que contou um segredo: que a pessoa mais importante a observar é aquela que segura o outro, não a que pula do trapézio para os braços do apanhador. "O apanhador", disse Nouwen, "é a verdadeira estrela. (...) O que voa não faz nada e o apanhador faz tudo. (...) O que voa deve confiar, com os braços estendidos, que o apanhador estará lá para ele".[18] Eu penso também nas palavras de Cristo ao morrer, no Evangelho de Lucas: "Pai, em suas mãos eu confio meu espírito." Preces e boas palavras podem nos ajudar a atravessar, mas há um momento em que devemos saltar, confiando que o outro lado irá nos apanhar e segurar firme.

---

18 NOUWEN, Henri. *Nossa maior dádiva: uma meditação sobre o morrer e o cuidar*. São Francisco: Harper Collins, 1995. p. 67.

Precisamos aprender a ficar com o sofrimento sem tentar mudá-lo ou consertá-lo. Apenas quando formos capazes de encarar nosso próprio sofrimento seremos capazes de observar o sofrimento dos outros e as dificuldades que podemos encontrar no morrer. A prática da meditação do *insight*, na qual observamos o fluxo e o refluxo da atividade mental, é um bom modo de cultivar esta habilidade. Com suave precisão e honestidade, ficamos com a nossa experiência através do mau tempo e dos céus limpos. Ver o clima mental passar por suas mudanças nos dá algum senso da natureza e causa de nosso sofrimento e também da possibilidade de, na própria base de nosso ser, estarmos todos livres do sofrimento.

O grande mestre zen Dainin Katagiri Roshi sabia disso. Quando foi diagnosticado com câncer terminal, seus alunos vieram de longe para estar com ele e ajudar – mas eles também estavam amedrontados e confusos com o pensamento de que seu professor estava sujeito à fragilidade humana comum. Um dia ele chamou os alunos à sua cabeceira e disse: "Vejo que vocês estão me observando de perto; vocês querem ver como um mestre zen morre. Eu irei lhes mostrar". Katagiri esperneou descontroladamente e agitou os braços em alarme, gritando: "Eu não quero morrer! Eu não quero morrer!". Então parou e olhou para eles. "Eu não sei como irei morrer. Talvez eu morra com medo ou dor. Lembrem-se, não há um jeito certo."

Quando cultivamos nossa habilidade de estar presentes, treinamos nossos corações a se abrirem para o sofrimento, transformando-o em bem-estar e oferecendo nossa misericórdia natural. Devemos chamar a nós o sofrimento e deixá-lo quebrar a armadura de nosso coração. O suave espaço que surge desperta calor altruísta e compaixão. Não podemos evitar enviar nosso amor e bondade àquele que está sofrendo, sejam os outros ou nós mesmos.

Tanto é verdade que o sofrimento existe e que algumas mortes são desafiadoras quanto é verdade que os seres podem se libertar do sofrimento e que a morte pode ser natural e simples. Quando me sento com alguém que está morrendo, devo perceber estas dimensões juntas. Devo olhar de um lugar em mim mesma, que inclui o sofrimento mas é maior que ele. Devo olhar a partir de um coração que é tão grande, que é aberto a tudo, incluindo a liberação do sofrimento. Posso vê-la tendo dificuldades para morrer e ver também seu grande coração? Posso ver sua verdadeira natureza, quem ele realmente é, mais fundo que a própria história?

Sentei-me uma vez com uma mulher que se sentia completamente derrotada por sua mãe supercrítica que estava morrendo. Do ponto de vista da mãe, ela não podia fazer nada direito. O peso do fracasso encolheu seu corpo até ele parecer pequeno e defendido. Compartilhei com ela quanto esforço foi preciso para abrir mão de minhas expectativas. Esta mulher queria que a morte de sua mãe fosse "boa" e que seu trabalho fosse fácil. Mas, no final, sua prática era abrir mão, de novo e de novo, de suas expectativas, seu desejo de fugir e seu senso de desespero. Isto exigia diligencia, perseverança e um ótimo senso de humor. Mas antes que pudesse começar a abrir mão de seu próprio sofrimento, ela tinha que aceitar que ele era completamente real.

Basicamente, para ajudar os outros, devemos nos relacionar com gentileza com nossa própria raiva, impotência e frustração, nossa dúvida, amargura e medo. Devemos entrar em contato com os obstáculos que nos impedem de entender e cuidar. Aceitando nosso próprio sofrimento, podemos começar a estar com os outros de um jeito mais aberto, gentil e compreensivo. Aprendemos a não rejeitar situações ou pessoas difíceis. Ao contrário, nós as encontramos exatamente onde estão.

Esta é a base para o nosso trabalho com os que estão morrendo. Não podemos evitar que a morte aconteça ou tornar mais fácil para a pessoa que está morrendo aceitá-la. Podemos aprender a encontrá-la e a encontrar misericórdia nela. Cultive o detalhe e a técnica desta prática. Ela pode ser feita a cada inspiração e a cada expiração. Nossas próprias experiências pessoais difíceis tornam-se a ponte que nos leva à compaixão e a oferecer o destemor, quando os que amamos estão lutando com mortes difíceis. Isto é o que os antigos professores queriam dizer com o ditado "surfar nas ondas de nascimento e morte".

MEDITAÇÃO
Encontrando a morte

PARTE UM: MEDITAÇÃO CONJUNTA

A prática a seguir envolve uma versão simplificada do escaneamento corporal, respiração compartilhada com ênfase na expiração, e finalmente uma visualização guiada. A prática pode ser feita no hospital ou em casa. O elemento mais importante na prática é o relacionamento de confiança entre a pessoa que está morrendo e o cuidador. Esta prática foi desenvolvida por Patricia Shaelton e Richard Boerstler, e eu a adaptei mais adiante em nosso treinamento profissional para cuidadores.

Quando a fizer com uma pessoa que esteja morrendo, é importante ter uma segunda pessoa junto para cuidar de quaisquer necessidades que surjam conforme a prática vai-se desdobrando.

Explique a prática para a pessoa que está morrendo. "Este é um jeito de meditarmos juntos. Envolverá vários exercícios de relaxamento e uma visualização guiada. Espero que você possa se entregar e ser ajudado pelo que estamos fazendo." A prática é calibrada conforme as necessidades e a situação da pessoa em questão. A luz deve ser baixa e a pessoa deve ser coberta, para que se sinta confortável.

O cuidador, então, faz uma simples versão do escaneamento corporal com a pessoa que está morrendo, começando pela cabeça.

A prática pode ser feita deitada, sentada em uma almofada de meditação ou numa cadeira:

Deixe seu corpo relaxar e se suavizar. Traga sua atenção para sua respiração. Respire profundamente, enchendo sua barriga. Sinta todo o seu corpo começar a se aquietar.

Respirando profundamente, traga sua atenção para o topo de sua cabeça, seu crânio e seu couro cabeludo. Respire através do seu couro cabeludo. Quando os pensamentos surgirem, apenas deixe-os existirem. Perceba qualquer tensão em seu couro cabeludo. Na sua próxima inspiração, dê espaço para o que quer que você experimente.

Mova sua atenção para sua testa. Tome consciência de sua testa, aceitando qualquer tensão que possa haver nela. Respire através de suas têmporas. Aceite qualquer tensão ou dor nas suas têmporas. Conforme você expira, aceite o que quer que você esteja experimentando.

Se você puder, ponha a mão sobre seus olhos, conforme respira através deles. Perceba como seus olhos sentem. Veja se você pode suavizar seus olhos, conforme inspira. E, quando expirar, deixe ir toda dureza dentro e em volta de seus olhos.

Inspire pelo nariz. Sinta o ar entrando e saindo de suas narinas. Na sua próxima inspiração, traga sua atenção para a sensação do ar fresco entrando. Sinta o ar saindo de suas narinas na expiração.

Suavemente, leve sua atenção para sua garganta e pescoço. Respire nessa área, aceitando qualquer aperto que você possa estar sentindo. Conforme expira, descanse levemente com sua experiência.

Mude sua atenção, enquanto respira pelos ombros. Tome consciência de qualquer sensação de peso. Na inspiração, dê espaço para seus ombros. Na expiração, deixe-os cair tranquilamente.

Deixe sua atenção em seus braços, inspirando e expirando através deles. Como eles se sentem? Tome consciência de qualquer rigidez. Não há nada a que você precise se segurar. Toque suas mãos com consciência. Deixe-as abertas, com as palmas viradas para cima. Respire pelas palmas de suas mãos.

Sua atenção está em sua coluna. Respire por sua coluna, deixando-a alongar-se com a sua inspiração, consciente de suas costelas a se expandir. Conforme você expira, sinta a coluna se alongar.

Leve sua atenção para seu peito e pulmões. Inspire pelos pulmões o mais profundamente que for capaz, de modo que seu peito se encha depois de sua barriga. Dê ao seu peito espaço para respirar profundamente. Inspirando, sinta o peito se abrindo, seus pulmões se expandindo. Procure perceber qualquer rigidez ou sentimentos de perda e tristeza. Esta é uma respiração muito profunda.

Agora respire em seu coração. Esteja consciente da abertura ou rigidez dentro e em volta do seu coração. Leve a atenção para o seu diafragma. Ele se abre, quando você inspira profundamente? Inspirando, sinta seu diafragma, dando espaço para coração e pulmões se expandirem. Tome consciência de todo o seu torso, conforme você expira.

Leve a atenção para seu estômago. Conforme inspira, sinta suas entranhas se expandindo com a inspiração. Na expiração, procure estar atento a qualquer tensão em seu sistema digestivo. Tome consciência da função de eliminação realizada por seus intestinos e bexiga. Inspirando, aprecie seus órgãos reprodutivos. Expirando, dê uma sensação de espaço e relaxamento para toda sua região pélvica.

Tome consciência de suas pernas e joelhos. Respire através de suas coxas e deixe sua atenção nelas. Expirando, deixe suas coxas se suavizarem. Na inspiração, sinta gratidão pelo suporte de suas pernas. Expirando, aprecie suas pernas, que o levaram tão longe na vida. Respire nos seus joelhos. Na expiração, perceba os pequenos músculos em volta de seus joelhos. Inspire a cura para eles e expire qualquer tensão e dor.

Respire nos seus pés, levando toda sua atenção para eles. Na sua expiração, procure perceber qualquer tensão. Imagine que na inspiração você está respirando por todo o corpo através dos pés.

Para completar esta prática, lenta e suavemente traga sua atenção de seus pés para suas pernas; para seu estômago e região pélvica; para seu peito, coração e pulmões; para sua coluna; para seus ombros, braços e mãos; para seu pescoço; para seu rosto; para o topo da sua cabeça. Inspire e expire suavemente conforme sua atenção viaja para cima através de seu corpo.

Quando tiver atingido o topo de sua cabeça, volte sua atenção para sua respiração e deixe-a espalhar-se suavemente por todo seu corpo. Fique assim por alguns minutos. Tire alguns minutos para relaxar, abrir e aquietar a mente.

Quando a pessoa que está morrendo está pronta, o cuidador respira suave e silenciosamente junto com ela. Quando o cuidador sente que é o momento apropriado, ele respira baixinho, porém audivelmente, a sílaba "ah" junto com a expiração da pessoa.

O cuidador faz isso por cinco ou dez minutos com a pessoa que está morrendo, para que ela possa realmente trazer sua atenção para a expiração. O som deve ser suave, quase como um bocejo; a sensação é de entrega, de deixar ir. Com a pessoa profundamente relaxada, o cuidador delicadamente sugere que haja um curto período de silêncio. Então o cuidador pode dizer uma prece, que seja da preferência da pessoa que está morrendo, ou conduzir uma visualização sobre a luz. Por exemplo, pode sugerir que a pessoa visualize um oceano ilimitado de luz; então guia a pessoa que está morrendo a se fundir ou dissolver na luminosidade.

A sessão pode terminar com uma dedicação de mérito, um profundo agradecimento ou um período de meditação silenciosa. Algumas vezes pode ser útil para o cuidador perguntar à pessoa que está morrendo como ela respondeu à experiência.

PARTE DOIS: MORADAS ILIMITADAS PARA O MORRER

Estas são moradas ilimitadas que uma pessoa que está morrendo pode praticar.

- Que eu aceite minha raiva, medo e tristeza, sabendo que meu coração não é limitado por estes sentimentos.
- Que todos que eu deixar para trás estejam seguros e em paz.
- Que eu me lembre que minha consciência é muito mais vasta que este corpo, enquanto abro mão dele.
- Que eu possa estar aberto ao desconhecido, conforme deixo para trás o desconhecido.
- Que eu possa viver e morrer em paz.

17
O GALHO DE PINHEIRO QUEBRADO
Mortes de aceitação e liberação

Dean teve câncer de colón e estava nos estágios finais do processo de morrer. Seus rins estavam falhando. Quando ele parecia estar tomando as últimas respirações, a família reuniu-se à sua cabeceira. No momento final, entretanto, os médicos transportaram-no numa maca e apressaram-se pelo corredor para fazer um procedimento de emergência a fim de ressuscitá-lo. A família estava em estado de choque, como estava Dean, trazido de volta da porta da morte. Primeiro, ele ficou zangado por ainda estar vivo; então percebeu que havia experimentado algo muito extraordinário. No meio de sua experiência de quase morte, Dean teve um penetrante *insight* do significado de vida e morte – mesmo seu sofrimento tinha significado. Apesar de ter vivido apenas por alguns dias a mais, aqueles dias foram preenchidos por um tipo de inexplicável gratidão pela experiência.

Algumas pessoas que estão morrendo irão, no final, descobrir que a morte é um mistério que não pode ser explicado simplesmente em termos biológicos, e assim transformar seu medo da morte em clara percepção e amor. Outros irão completar a última e mais preciosa tarefa, aquela de reconhecer a morte como o momento máximo de liberação do sofrimento, voltando para casa, à sua morada original, a luminosa e clara natureza de nossa mente e coração, agora e no momento da morte biológica.

As mortes mais inspiradoras, delicadas e instrutivas que vi foram aquelas de indivíduos cujas vidas inteiras foram passadas cultivando a percepção interior. Muitos professores budistas que morreram durante minha vida deram a consciência do que poderia ser possível para mim e você. Apesar de perfurado pelo câncer, Sua Santidade o Décimo Sexto Karmapa sustentou sua prática e equanimidade através do processo de morrer. Tanto o Venerável Kalu Rinpoche quanto Sua Santidade Dilgo Khyentse Rinpoche assumiram a postura de meditação enquanto morriam. E Issan Dorsey continuou servindo seus irmãos que tinham AIDS, mesmo morrendo da mesma doença. Uma prática de meditação desenvolvida pode ser o mais poderoso de todos os suportes para uma pessoa que está morrendo. Uma mente que é clara e pacífica, mesmo uma que tenha desaparecido no poço do Alzheimer, pode ser uma liberação para todos. No zen, quando costuramos nossas vestes de leigos, sempre bordamos um galho verde de pinheiro quebrado atrás, exatamente onde ele se apoia na nossa delicada nuca. Este galho quebrado simboliza a plenitude que só pode acontecer quando tivermos sido completamente liberados.

Francisco estava morrendo de câncer no fígado. Pouco antes de morrer, escutou a voz de seu professor de budismo tibetano ao telefone, aconselhando-o a limpar sua mente. Embora fosse um cientista, Francisco também dedicara sua vida adulta à prática budista. Agora era a maior oportunidade de trazer a prática para sustentar a experiência de liberação, disse seu professor. Cisco pediu à sua família para manter as coisas bem simples em volta dele. Sua esposa nos contou que sentiu que seu marido dedicava seus poucos dias remanescentes a praticar, enquanto repousava num silencioso estado interior. Ele morreu pacificamente alguns dias depois de ouvir as palavras de seu professor, com a esposa deitada a seu lado.

Uma perspectiva espiritual é indissociável de nossa realização da tarefa de desenvolvimento da transcendência que é possível na morte. É importante para as pessoas que estão morrendo, familiares e amigos – assim como para os provedores de cuidados de saúde – reconhecer isto e fomentá-lo, se possível. No ambiente hospitalar frequentemente há uma resistência ao cuidado pastoral ou espiritual das pessoas que estão morrendo. Aqueles que oferecem este tipo de cuidado são vistos como não acrescentando nada ao resultado, ou como fazendo um trabalho "leve", quando o "verdadeiro" trabalho é médico. O que as instituições convencionais de saúde têm falhado frequentemente em perceber é que o cuidado espiritual pode reduzir o medo, o estresse, a necessidade de certas medicações e intervenções caras, processos e o tempo que médicos e enfermeiros devem gastar tranquilizando as pessoas. Também pode beneficiar profissionais e cuidadores familiares, ajudando-os a fazer as pazes com o sofrimento, a morte, a perda e o luto. O maior tesouro neste trabalho com os que estão morrendo é presenciar a dimensão espiritual.

Algumas tradições espirituais ensinam que há um nível profundo da mente que permanece intacto no momento da morte e talvez após a mesma. Embora eu pessoalmente não possa atestar o que acontece no momento da morte, minha abordagem é me garantir, no caso de a consciência continuar seguindo após a morte do corpo. Caso isto aconteça, quero minha mente e meu coração limpos para encarar a situação de transição. Se a prática de meditação que promove este elemento de claridade também traz força para nossa vida diária, por que não?

Eu me lembro de uma história sobre o ancestral zen chinês Hui Neng. Ele disse a seus discípulos para se reunirem em volta dele, já que havia decidido "partir no oitavo mês". Seus monges choraram amargamente, quando ouviram sobre sua morte iminente. Hui Neng, honesto e duro como sempre, perguntou-lhes por quem estavam chorando. Estariam eles preocupados que ele não soubesse para onde estava indo? Hui Neng disse que, se ele não soubesse para onde estava se dirigindo, então não poderia deixá-los daquele jeito. Ao contrário, disse que o que eles estavam realmente lamentando era que eles próprios não sabiam! Se eles soubessem, não estariam chorando, pois a verdadeira natureza é livre de nascimento e morte.

Frequentemente uma pessoa que está morrendo não precisa de nada além de simplicidade. Um grande céu e um quarto silencioso podem oferecer paz. Quando estava morrendo, um homem pediu que sua cama fosse colocada perto de uma grande janela. Todos os dias ele contemplava o céu azul do Novo México. Ele me disse um dia que estava se tornando aquele céu. Pediu que nenhuma visita o incomodasse. Queria ficar quieto e sozinho com seu céu. Uma manhã ele morreu pacificamente, olhando para seu amigo, o grande céu aberto, transcendendo seu corpo limitado.

Outro homem, com tumor cerebral, levantou-se de seu leito de morte, foi para a porta de sua casa e olhou ansiosamente para a estrada próxima. Embora estivesse retirado e incomunicável por dias, ele disse com completa clareza: "Vamos embora". E morreu naquela noite.

Recentemente, minha amiga Maggie estava olhando um livro de fotografias da montanha sagrada do Tibete, monte Kailash. Praticante experiente do budismo tibetano, seu maior desejo era ir ao Kailash. O renomado fotógrafo Thomas Kelly estava segurando seu livro de fotografias extraordinárias para ela, quando virou a página para o *kora* interior do Kailash – o mais sagrado e inacessível dos caminhos dos peregrinos. Maggie disse uma frase: "Oh, se eu fizesse isso, certamente morreria". Então subitamente sua cabeça caiu sobre o livro, em direção à foto das altas estupas do Kailash e ela de fato morreu. Sim, isto parece um tanto inacreditável, mas ouvi esta história de Tom logo após Maggie ter morrido.

Ligadas ao processo de mortes mais lentas estão pesquisas sobre o momento efetivo da morte. Experiências de quase morte ou de morte clínica podem ser profundamente benéficas em preparar um indivíduo para a realidade da morte em si mesma – como a ressuscitação de Dean. Quase sempre estas experiências visionárias são caracterizadas por sentimentos positivos, que trazem a pessoa que está morrendo para uma relação completamente nova com seus últimos dias.

E morrer evoca muitos tipos diferentes de experiências. Quando estamos morrendo, frequentemente experimentamos um estado alterado de consciência. Nosso corpo está mudando e, com ele, nossa mente. Podemos ter experiências mentais bem-aventuradas ou desagradáveis no processo. Podemos encontrar entes queridos que já morreram, reviver boas e más lembranças, ou ter vários tipos de alucinações que estão relacionadas com os medicamentos que estamos tomando, com autointoxicação ou simplesmente com as transformações mentais que acontecem no processo de morrer.

Nathaniel, um homem idoso com quem trabalhei, tomou uma medicação para incontinência. Quase sempre à noite ele acordava e alucinava que a comida estava em sua cama. Às vezes era bala puxa-puxa, uma vez foi lasanha, outra vez foi o salgadinho Cracker Jack. Ele acordava a mulher no meio da noite e perguntava o que estava acontecendo com toda aquela comida. Ela lhe assegurava que não havia comida na cama, que ele estava sonhando. Um dia perguntei a Nathaniel se estas experiências eram agradáveis e ele respondeu que eram sempre alimentos que ele gostava de comer, faziam-no sentir-se feliz e recordar-se de sua infância.

Quando Nathaniel parou de tomar a medicação, as alucinações foram embora, até que ele se aproximou da morte, quando elas voltaram. De novo elas eram experiências de prazer para ele. Nathaniel sempre amou comida e tinha perdido seu apetite conforme a morte se aproximava. Embora sua última refeição fosse invisível para os demais, Nathaniel aproveitou-a completamente.

Durante uma de suas hospitalizações, meu pai pensou que estava num barco no rio Myakka, na Flórida. Estava preocupado porque não tinha nenhum dinheiro com ele. Eu sugeri a ele que para onde estava indo talvez não precisasse de dinheiro, afinal. Dando um largo sorriso, ele disse: "Você está certa, criança. Obrigado". Pouco antes de morrer, ele estava fingindo comer alguma coisa. Minha irmã perguntou o que ele estava comendo, enquanto ele jogava comida imaginária da mão para a boca. Ele disse: "Amendoim". Ela perguntou que gosto eles tinham e, fiel a seu senso de humor, ele respondeu: "Ótimo, se fossem reais!"

O que acontece em torno da pessoa que está morrendo é também surpreendentemente divertido às vezes. A pessoa se acostuma com o inesperado. Simone estava morrendo de falência congestiva do coração. No respirador artificial, sua família e seus amigos ao redor rezando baixinho, seu corpo estava respirando mecanicamente. Fui solicitada a sentar com ela e conversar, através do véu da quase morte, oferecendo-lhe boas palavras. Depois de eu ter saído, um amigo untou-a com óleo e outro colocou algumas cinzas sagradas em sua testa. Pouco depois, seu parceiro de *bridge* e amigo íntimo apareceu, puxou o lenço do bolso e limpou a "bagunça" do rosto de sua amiga, sem perceber que estava causando consternação aos que estavam à beira do leito. Sua perturbação transformou-se em suaves e contínuas risadas, pois esse momento absurdo era típico da vida dela.

Às vezes, em estados alterados de consciência, as pessoas veem parentes falecidos, e este foi o caso de minha mãe, que se viu num cruzeiro visitando os portos de seu passado e vendo sua própria mãe e seu pai no caminho. Uma pessoa pode encontrar figuras espirituais, como a Virgem Maria, anjos, seres de luz ou Buda. Às vezes as pessoas têm experiências místicas com *insights* sobre a vida que são profundamente enriquecedores e lhes dão um profundo senso de propósito. Frequentemente estes *insights* não podem ser compartilhados em palavras. Sentei-me uma vez com um homem que estava morrendo de linfoma decorrente da AIDS. Certa tarde ele me perguntou se eu havia visto um pássaro no deque do lado de fora de seu quarto. Ele disse: "Você vê o pássaro? Está na varanda. Você pode vê-lo?". Eu me virei e, claro, não vi pássaro algum. Perguntei: "O que você vê?". Ele disse: "É o mais lindo pássaro branco. Você vê? É uma enorme pomba". E alegremente descreveu esta criatura que parecia ser um tipo de redentor para ele.

As mortes de memoráveis professores budistas em todas as escolas de budismo nos relembram de nosso próprio potencial de morrer despertos. Por exemplo, o mestre de meditação chinês Hung-Chih Cheng-chüeh deixou o topo de sua montanha pela primeira vez em 30 anos. Vestido da melhor forma, viajou para muitos lugares, oferecendo gratidão e despedida a alunos, patronos, oficiais do governo e amigos. Retornando a seu templo ele tomou banho, colocou vestes limpas e deu uma palestra final a seus discípulos. Então solicitou que lhe fossem trazidos papel e um pincel. Assim que terminou de compor seu poema de morte, faleceu com o pincel na mão.

Para uma cuidadora que eu conheci, os momentos antes da morte de sua mãe foram verdadeiramente uma realização de amor e inspiração. A mãe havia dedicado a vida ao serviço comunitário e à prática espiritual. Ela havia feito as pazes com sua vida e com sua mente. Seus últimos minutos na Terra pareciam estar preenchidos com beleza. Enquanto morria, exclamou baixinho, "Lindo, lindo." Morreu com um sorriso no rosto.

Algumas mortes são chocantemente inesperadas, como o homem que eu mencionei que morreu em sua almofada de meditação no primeiro dia de retiro, ou Maggie, que surpreenderam a todos nós. Soube recentemente de um jovem homem que escalou o Grand Teton, no Wyoming, e que, na volta para casa de sua escalada espetacular, se sentiu doente e pensou que estava com mal-estar por causa da altitude. Imediatamente foi ver seu médico, que descobriu que ele tinha leucemia. No dia seguinte, bem cedo, ele subitamente morreu.

Embora estas mortes fossem totalmente inesperadas, elas têm um senso de estranha beleza e simetria. Para ser sincera, eu preferiria morrer na almofada de meditação ou depois de ter visto ou chegado ao topo de uma nobre montanha a morrer em um acidente de carro. Mas também percebo que não sei realmente como e quando irei morrer.

Há também aqueles a quem foi permitido encontrar a morte após uma longa e cuidadosa preparação – como na história de Julie. Quando eu a conheci, seu câncer de mama já havia dado metástase em seu fígado, pulmões e cérebro. Ela estava ficando cega e sua morte não estava muito longe. Mas Julie tinha um espírito que não iria desistir, e ela estava determinada a morrer com aceitação. Um dia convidou-me para visitá-la. Depois de algum tempo conversando, ela me pediu: "Você se importaria de me dizer como morrer?".

Disse-lhe que o que eu podia pensar que sei é apenas especulação. Sou apenas uma estudante do morrer, não uma *expert*. Então sugeri que meditássemos juntas.

Assim, respiramos juntas. Eu sugeri a ela: "Quando respirar, deixe sua atenção na sua expiração, porque esta será sua última respiração de fato, esta expiração. Quando você deixar ir a expiração, veja o quão profundamente pode deixar ir pacificamente. Pense sobre isto desta forma: talvez você faça uma nova inspiração, talvez não. Por enquanto, deixe a maior parte de sua atenção em expirar."

A ênfase de nosso tempo juntas estava na simplicidade, clareza e aceitação. Nós trabalhamos em dar atenção à expiração e mais tarde com uma versão do verso do professor zen Thich Nhat Hanh sobre respiração consciente: "Dentro, fora. Profundo, devagar. Calmo, tranquilo. Sorria, libere. Momento presente, único momento." Cada palavra ou frase apoia uma inspiração ou expiração.

Alguns dias depois, 15 mulheres lidando com câncer de mama vieram passar o dia praticando meditação comigo. A maioria dessas mulheres nunca havia sentado em meditação antes. Por conta de sua doença estar muito avançada, a presença de Julie realmente perturbou algumas que se consideravam sobreviventes.

Ela parecia uma monja zen – sem cabelo, roupas pretas. Tinha queimaduras de radiação no pescoço e suas orelhas eram transparentes. Ela também estava rindo.

No final da maioria de nossos retiros, nós nos sentamos em conselho para falar sobre nossas experiências. Passamos um graveto de fala pelo círculo para honrar cada interlocutora e nossa conexão com ela, e todos ouvem silenciosamente e com concentração, como se este fosse seu último dia na Terra. E foi assim que estas mulheres ouviram e falaram umas com as outras. Quando foi a vez de Julie falar, ela pegou o graveto de fala com as duas mãos, dizendo, "Eu gostaria de poder aceitar minha morte como eu aceito este graveto." Entregou-o de volta à mulher sentada perto dela e disse: "Por favor, deixe-me aceitar este graveto de novo." O graveto foi passado para ela uma segunda vez. Ela estava praticando aceitar e abrir mão.

Ela falou sobre sua morte iminente com força e otimismo. Havia feito todo o possível para manter-se viva e agora era tempo de morrer. Não havia autopiedade. Era como um diamante em sua clareza e suave em sua verdade. Senti profundo respeito por ela. Acredito que todas nós sentimos. Algumas de nós trabalharam mais perto dela durante esses meses de batalha. Ela havia gritado forte porque seus esforços para curar o câncer haviam sido infrutíferos. Ela havia lutado para viver, e agora finalmente estava pronta para morrer.

Quando sua hora ficou próxima, Julie sentou-se em outro conselho conosco por um dia inteiro. Uma das mulheres no grupo, Rebecca, era uma enfermeira que sentia desespero por não poder levar compaixão para o ambiente hospitalar convencional onde trabalhava. A vez de Julie falar veio logo após a de Rebecca. Todos prestamos atenção à honestidade e ao imediatismo de sua presença. Olhei de relance para Rebecca, que olhava atentamente para Julie. Ela parecia ter-se esquecido de sua frustração, enquanto ouvia a jovem mulher falar.

Em menos de uma semana, Julie cumpriu sua promessa de morrer bem. Aquele conselho aconteceu numa quarta-feira. No sábado a sepultura de Julie foi cavada, e na segunda-feira ela deu entrada no mesmo hospital em que Rebecca trabalhava. Na manhã de segunda, Rebecca entrou no quarto 201 e viu que Julie era sua paciente.

Mais tarde, naquela manhã, Rebecca perguntou a Julie se ela havia assinado um testamento vital, com uma ordem para que não fosse ressuscitada. Julie não havia e, quando Rebecca lhe disse o que era, Julie decidiu que queria assiná-lo. Sabendo que estava perto da morte, não queria que nada interferisse na sequência natural de sua vida.

Faltando 10 minutos para o meio-dia, Julie disse a seus amigos: "Eu estou morrendo." E 30 minutos depois ela havia ido. Ela morreu com o suporte e a presença de sua família, incluindo seus quatro irmãos e sua mãe. Também estavam presentes amigos cuidadores, assim como Rebecca e o advogado dos pacientes do hospital. Eles disseram que foi uma morte doce e silenciosa, com um breve e passageiro momento de medo que se dissolveu e se aquietou quando a morte chegou ao fim.

Cheguei meia hora mais tarde. As pessoas estavam cansadas e foram almoçar. Isto me deu a oportunidade de sentar com o corpo de Julie. Seu olho direito estava fechado, como se ela estivesse olhando para dentro. O olho esquerdo estava aberto, a pupila bem contraída, como se ela estivesse olhando para a luz. A boca estava ligeiramente aberta, como se ela tivesse acabado de dizer "ah". De perfil, parecia estar em meditação. Ela não parecia adormecida, mas como se tivesse se entregado à paz.

Sentada com aquele corpo eu me perguntei, para onde ela foi? Para onde Julie havia ido? Eu não podia imaginar que a risada que eu ouvira apenas alguns dias antes não estava de alguma maneira presente. Eu fiquei com aquela questão e fiz algumas práticas de meditação destinadas a pessoas que acabaram de morrer.

Em pouco tempo a maca entrou e o corpo de Julie foi levantado em um saco branco de plástico. Uma *entourage* de enfermeiros, familiares, amigos e o advogado levaram-na pelo corredor, como se ela fosse da realeza. Ela então foi colocada em uma caminhonete e levada para um pequeno povoado ao norte de Santa Fé. Julie queria ser enterrada em casa. Ela havia pedido para ser enrolada em um cobertor indígena e colocada no caixão que ela havia desenhado. Havia trabalhado com um carpinteiro várias semanas antes para desenhar seu próprio caixão.

No dia seguinte, seus quatro irmãos mais velhos entraram na cova aberta num campo nevado, recebendo seu caixão como se estivessem recebendo-a de volta à terra. Então todos começamos a jogar terra com pás para dentro da cova. Deu muito trabalho encher aquele buraco. No processo, vi o luto se transformar em comunidade.

A jornada de Julie ao destino chamado morte não excluiu nada. Ela sentiu medo e transformou o medo e no final ofereceu destemor aos outros. Ao contrário, ela amou e em seu processo de morrer levou os outros a se amarem mutuamente. Planejou e levou adiante seu plano com dignidade e bravura. Não arrastou nada e, finalmente, nada a arrastou. Ela não foi sentimental; sua mente e coração estavam descansados enquanto ela repousava no não saber, sua constante companhia. Ela me lembrou o galho de pinheiro quebrado, que simboliza o eterno e o frágil se encontrando. Esta é nossa vida, um galho de pinheiro que é verde e que não morre através das estações e, ao mesmo tempo, pode-se quebrar em qualquer estação.

A corajosa aceitação de Julie de sua morte não é o mesmo que resignação. Ao invés disso, ela tinha a clara percepção de que a morte é parte da vida. Podemos nos lembrar de Howard Auster, o velho companheiro do escritor Gore Vidal, virando sua cadeira de rodas para seu amigo ilusório e dizendo "Bom, foi maravilhoso", enquanto a porta da sala de cirurgia se fecha atrás dele, libertando não só uma vida, mas duas.

Ao aceitar a morte como inevitável, nós não a rotulamos como uma coisa boa ou ruim. Como um de meus professores me disse uma vez: "A morte acontece. É apenas morte, e como nós a encontramos é por nossa conta."

MEDITAÇÃO

Dissolução dos elementos após a morte

A descrição do budismo tibetano da dissolução dos elementos é um mapa do processo de morrer que permite aos cuidadores se familiarizarem com os sinais físicos e mentais do morrer e da experiência da morte em si mesma. Ela também tem a intenção de transformar a experiência do morrer, da morte e do renascimento na experiência de iluminação e liberação. A prática que se segue modela um caminho para um praticante ganhar controle sobre a morte e, portanto, transcendê-la.

De acordo com o budismo tibetano, quando as bases de nossa consciência começam a entrar em colapso, estamos no processo de morrer. Estas bases, neste sistema, se referem aos chamados "ventos", que controlam todas as formas de movimento no corpo, incluindo falar, engolir, cuspir, urinar, defecar, movimentos dos membros e articulações, movimentos dos olhos, movimentos dos vasos sanguíneos, respiração e digestão.

Quando os ventos começam a se transformar no processo de morrer, a mente passa por mudanças radicais. Um iogue avançado pratica isto deliberadamente, de modo a ganhar controle de todos os estados mentais que surgem no processo de morrer e a experimentar a morte como a liberação que ela realmente é.

As seguintes descrição e prática da dissolução dos elementos surgiram há muitos séculos das observações finamente sintonizadas de habilidosos meditadores no Tibete. Embora seja uma prática esotérica, eu a achei muito útil ao trabalhar com pessoas que estão morrendo e cuidadores. A prática confirma as observações que muitos cuidadores profissionais tiveram das mudanças físicas, mentais e energéticas naqueles que estão morrendo. Também tem sido uma ajuda, um mapa e uma fonte de inspiração para aqueles que estão de fato atravessando ou se preparando para atravessar a experiência de morrer.

Esta descrição também inclui a dissolução dos aspectos de nossa experiência subjetiva, que nos dá um senso de identidade: corpo, sensações, percepções, formações mentais e capacidade de discernimento. Estes mesmos aspectos afetam nossa experiência de doença e envelhecimento. Quando ficamos doentes, por exemplo, podemos sentir o peso e a fraqueza do corpo e reconhecer alguns dos sinais e sintomas descritos no processo. Ou, conforme envelhecemos, a força da gravidade se torna mais e mais aparente. Nossos sentidos tornam-se menos sensíveis e nossa compreensão do mundo diminui. Então, tanto na doença quanto no envelhecimento, é-nos dada uma amostra do que iremos encarar quando estivermos morrendo. Os lamas me disseram que também atravessamos as dissoluções no caso de morte súbita.

Esta prática em particular envolve a dissolução não somente dos elementos da mente, mas também dos elementos do corpo – terra, água, fogo, ar –, e então libera-os no espaço. Liberando os elementos de nossa identidade que compõem o que conhecemos como "eu", podemos nos dissolver na radiância e, finalmente, abrir mão – ou pelo menos imaginar que estamos abrindo mão – do que conhecemos como consciência.

É possível para pessoas que estão morrendo usar o texto – seja ouvindo alguém ler ou lendo elas mesmas – como um jeito de se familiarizar com o morrer e de praticar abrir mão. Por exemplo, uma mulher de quem eu cuidei trabalhou com uma gravação do texto por um ano antes de morrer. De acordo com sua família, ela entrou no processo ativo de morrer com uma impressionante ausência de medo e resistência.

Um jeito poderoso de fazer esta prática é deitar-se na "posição do leão adormecido", a posição que Buda assumiu quando estava morrendo. Deite-se sobre o seu lado direito, com as pernas ligeiramente dobradas. Seu braço esquerdo repousa ao longo do seu lado esquerdo e sua mão direita apoia sua cabeça, com sua mão segurando sua bochecha. Você pode pressionar o dedo mindinho sobre sua narina direita para completar a postura.

Certifique-se de que está confortável, ajustando sua posição conforme necessário durante a prática.

O topo de sua cabeça fica direcionado para uma imagem – real ou visualizada – de sua escolha. Ela pode ser de Jesus, Buda, Maomé, Abraão, Maria ou Quan Yin – qualquer ser que represente a essência do despertar, da compaixão, do amor e da bondade essencial. Sua esperança é que na morte sua consciência irá sair pelo topo da cabeça e se manifestar como a essência da iluminação.

Deixe que a respiração se torne regular e suave. Foque sua atenção na sua respiração. O que quer que emerja – resistência ou preocupação, luto ou alegria, tédio ou história – perceba e aceite--o, e volte suavemente para a respiração.

Imagine que esta é uma descrição real do morrer, do seu morrer. Perceba o que acontece, enquanto você faz esta prática. Deixe cada uma das emoções e sensações surgir para você, passar através de seu corpo e mente, ser percebida e então liberada.

1. A DISSOLUÇÃO DO ELEMENTO TERRA EM ÁGUA E A
DESINTEGRAÇÃO DO CORPO

Imagine que você está na sua cama em casa. Amigos e família estão à sua volta, apesar de você mal estar consciente de sua presença. Você está ligeiramente agitado e aceita este estado mental.

Seu corpo está fraco. Você não tem energia para fazer nada além de simplesmente estar aqui. Está deixando ir, conforme morre. Sinta seu corpo se tornando pesado, pressionado para baixo por um grande peso. Este peso é denso e profundo, indo direto ao centro de seu corpo. Agora seu corpo sente como se estivesse se dissolvendo e suas pernas e braços não sentem como se pertencessem ao seu corpo. Você sente como se estivesse lentamente afundando na água, e um profundo cansaço penetra cada célula de seu corpo. Acorde, enquanto esse corpo deixa ir.

Seus sentidos estão menos sintonizados com o mundo externo. Sua visão está fraca. É difícil abrir e fechar os olhos. Sua percepção sensorial do mundo está se afrouxando. Conforme seu corpo desliza, o mundo externo está deslizando de você também.

Sua pele vai empalidecendo conforme sua pressão sanguínea cai. O sangue se retira para a parte central de seu corpo. Você está sonolento e fraco, sem nenhum interesse no mundo externo. Você submerge mais e mais fundo num estado mental confuso, vago. Quaisquer visões que você tenha aparecem como miragens azuis.

Esta é a dissolução do corpo e de nossa relação com o mundo físico – estas sensações de peso, sonolência, ser empurrado para baixo, a perda de definição, a retirada da cor de nossos corpos, a perda de controle e nossa inabilidade de ver o mundo da forma ao nosso redor.

Neste estado de corpo e mente, esteja acordado e presente sem esforço. A mente pode estar quieta e reflexiva, conforme você deixa ir. Esteja presente enquanto este corpo está morrendo. Este corpo não é você. Esta é a dissolução do elemento terra, enquanto ele afunda na água e a forma se decompõe em sensações.

2. A DISSOLUÇÃO DO ELEMENTO ÁGUA EM FOGO E A DESINTEGRAÇÃO DAS SENSAÇÕES

Sinta seu corpo dissolvendo. Conforme você deixa ir, sua audição é diminuída e você submerge em um estado mental confuso.

Seu nariz está pingando, a saliva está escorrendo de sua boca. Há uma descarga aquosa saindo de seus olhos. É difícil segurar sua urina. Sua pele está úmida. Conforme os fluidos deixam o corpo, ele se torna ressecado. Sua pele se parece com papel. Sua boca está repuxada e seus lábios estão rachados. Sua língua está grossa, grudenta e pesada. Sua garganta está arranhada e obstruída. Suas narinas parecem escavadas, queimando com a secura quando você inspira. Seus olhos se sentem arenosos e ardidos. Você não está urinando muito. Tem uma sede que nenhuma quantidade de água pode saciar.

Deixe-se ir completamente nesta secura. Libere o elemento fluido de seu corpo, da água e da sensação.

Sua mente está nebulosa e você está irritável. Parou de experimentar dor, prazer e mesmo indiferença. Você não diferencia entre impressões físicas e mentais. Esses tipos de distinções não são importantes para você agora.

Quando você olha por detrás de seus olhos, tem uma visão de fumaça em espiral. O elemento água está se dissolvendo em fogo. Este é o fim de sua responsividade aos fenômenos. Conforme você deixa ir, acorde nesta visão de fumaça em espiral.

3. A DISSOLUÇÃO DO ELEMENTO FOGO EM AR E A DESINTEGRAÇÃO DAS PERCEPÇÕES

Conforme o elemento fogo de seu corpo começa a se dissolver em ar, ele se sente fresco. O calor se retira de seus pés e mãos em direção ao centro de seu corpo. Sua respiração é fria, quando passa por sua boca e nariz. Sua boca, nariz e olhos ressecam mais ainda. Sua habilidade de perceber diminui ainda mais. O elemento fogo está se dissolvendo no elemento ar.

Você não sente cheiro de nada. Não está com fome nem pode digerir comida. Você não pode beber ou engolir nada. A inspiração é menos forte e a expiração mais longa. Sua percepção mental se alterna entre lucidez e confusão. Você não pode ver, ouvir, saborear, tocar ou sentir nenhum cheiro, conforme os campos dos sentidos se desvanecem. Sua inspiração é curta. Sua expiração é longa. Você não pode se lembrar dos nomes de seus entes queridos e não pode reconhecer aqueles ao seu redor. Perdeu qualquer senso de propósito em sua vida e não tem interesse no que está acontecendo à sua volta.

Você pode se sentir como se estivesse sendo consumido em uma chama que surge no espaço. Deixe-se ir neste fogo, enquanto sua mente se autolibera. Ou você pode ver fagulhas, quase como vagalumes. Desperte nesta visão de faíscas reluzentes. Esta é a dissolução do elemento fogo em ar e a desintegração de sua capacidade de perceber.

4. A DISSOLUÇÃO DO ELEMENTO VENTO EM ESPAÇO E A DESINTEGRAÇÃO DAS FORMAÇÕES MENTAIS

Você agora desistiu de qualquer senso de volição. Aceite esta falta de perspectiva livre de sentido e propósito. Sua inspiração é curta, sua expiração é longa. A mente não está mais consciente do mundo externo.

Conforme o elemento ar se dissolve, você tem visões. Estas visões se relacionam a quem você é e como você viveu sua vida. Você pode ver sua família ou seus ancestrais num cenário pacífico. Pode ver pessoas bonitas, santos ou amigos dando-lhe as boas-vindas. Pode reviver experiências prazerosas do seu passado.

Você também pode ter visões demoníacas. Se machucou os outros, aqueles que você tenha prejudicado podem aparecer para você. Momentos difíceis de sua vida podem surgir para assombrá-lo. Pode ver pessoas com quem você tenha tido interações negativas atacando-o. Você pode até gritar de medo.

Não se identifique com estas visões. Simplesmente deixe-as existir. O elemento ar está se dissolvendo. Você não tem que fazer nada. Apenas pratique esta respiração de liberação e abandone tudo. Sua língua está grossa e pesada e a raiz dela está azulada. Você perdeu o gosto pela vida conforme perde o sentido do paladar. Não pode sentir textura ou sensações corporais. Seu corpo mal está se movendo. A última energia de seu corpo está se retirando para o centro dele. Qualquer calor que tenha sobrado no seu corpo agora reside na região do coração. A inspiração é curta, um mero "gole" de ar. A expiração é longa e irregular. Seus olhos, fitando o vazio, rolam para cima. Nenhum intelecto está presente.

Sua consciência neste ponto está reduzida a uma entidade cada vez menor. Depois de três ciclos de respiração, seu corpo se ergue ligeiramente para encontrar a respiração, que não entra. As funções mentais cessam todas de uma vez. A consciência dissolve-se no espaço. A percepção do lado de fora é que você está morto. Respiração e função cerebral pararam. Conheça este estado vazio. Entregue-se a ele. Este é o elemento vento se dissolvendo no espaço.

No momento da morte física, pode-se ver uma pequena e cintilante chama, como uma vela. Ela subitamente se extingue e você está sem consciência.

5. AS DISSOLUÇÕES INTERNAS

A partir do topo, uma gota branca é impulsionada pelos ventos internos para baixo, através do canal central em direção ao coração. Esta é a essência masculina, e a raiva se transforma em profunda claridade. Você encontra um imaculado céu de outono preenchido com a luz brilhante do sol.

Uma gota vermelha é impulsionada, a partir da base da coluna para cima, através do canal central em direção ao coração. Esta é a essência feminina, e o desejo se transforma em profundo êxtase. Você encontra um vasto e claro céu acobreado de outono ao entardecer. As gotas branca e vermelha se encontram no coração e envolvem sua consciência. Os ventos entram na sua consciência. Você agora está liberto da mente conceitual. Uma densa escuridão, como um profundo céu noturno de outono, aparece. Você se dissolve na inconsciência.

Deste nada, a luminescência surge. Você é um com um claro céu ao amanhecer, livre da luz do sol, da luz da lua e da escuridão. Você é êxtase e claridade. Agora a clara luz da presença é liberada, a luz mãe da sua consciência.

Esta é a culminância da sua grande perfeição.

Este é o verdadeiro momento da morte.

18

GRATIDÃO PELO RECEPTÁCULO
Cuidado com o corpo após a morte

Quando David morreu de um tumor cerebral, ele já havia discutido seus desejos finais com sua família, que havia sido instruída sobre como cuidar de seu corpo após sua morte. Então, quando cheguei para ajudar, 20 minutos depois de ele ter morrido, encontrei uma cena tranquila e muito tocante de cuidado amoroso acontecendo.

Seu parceiro estava gentilmente esfregando-lhe a boca para limpar o muco; a irmã gêmea estava segurando-lhe mão e agradecendo por tudo que havia aprendido com ele. Os amigos mais íntimos e a enfermeira do hospital, com os braços em volta uns dos outros, suavemente rezavam por ele. Ninguém estava correndo, perdido nas ocupações ou tentando evitar o que acabara de acontecer. Eles estavam, de um jeito muito calmo e conectado, completamente presentes no morrer.

A prática de presença no morrer não para no momento da morte; como cuidadores ou membros da família que estiveram presentes na morte de um amigo ou parente, podemos ter o privilégio de cuidar do corpo após a morte. Muitos de nós hoje perdemos uma conexão vital com o ciclo da vida de nascimento e morte, cada vez mais eliminado, assim como nós, da comunidade tradicional e da família grande. Nos séculos anteriores, seria estranho que qualquer um alcançasse a idade adulta sem ter estado presente à beira do leito de uma ou mais mortes e, como resultado, nossos antepassados devem ter tido uma visão mais saudável do morrer como o fim natural da vida. Pelo contrário, somos ensinados, quando pequenos, a ficar apavorados com o pensamento de um corpo morto e, frequentemente, somos "protegidos", por exemplo, da visão de um avô morto. O resultado é que a maioria das pessoas fica assustada com o pensamento de um cadáver e nós nos preocupamos se seremos fortes ou corajosos o suficiente para cuidar do receptáculo vazio que uma vez carregou um amigo querido ou um parente.

Um simples, mas sábio, passo que pode ajudar a preparar a todos é iniciar uma conversa com a pessoa que está morrendo sobre como ela gostaria que seu corpo fosse cuidado. Quando David perguntou o que seria feito com seu corpo imediatamente depois de ele ter morrido, a pergunta deu à sua família e amigos a oportunidade de sentar com ele e explorar o que ele queria e o que seria possível. A conversa franca trouxe a todos para mais perto de David e para a experiência que estava se aproximando cada vez mais, a cada dia que se passava.

Se estiver liderando um grupo de cuidadores e se for cultural e psicologicamente apropriado, você pode ajudar a preparar os amigos e parentes para o momento da morte, sugerindo que sustentem uma atmosfera de quietude e respeito. Deixe-os saber como o momento da morte pode ser. Basicamente, depende de como a pessoa está morrendo, mas quase sempre o momento efetivo da morte é bem simples – apenas a longa expiração de liberação. Outras mortes, como vimos, são mais extenuantes, mas inevitavelmente o corpo irá descansar pacificamente.

Como cuidadores, precisamos ser guiados pela fé e crenças da pessoa que está morrendo enquanto estamos a seu lado. Nosso desafio é familiarizar-nos com as particularidades de diferentes crenças, encorajar e aceitar quaisquer abordagens espirituais que sejam apropriadas para uma comunidade e para o indivíduo que está morrendo. É isso que eu sempre pergunto: "O que guia e sustenta você em sua vida? No que você tem fé? O que realmente importa para você?".

Uma cuidadora compartilhou comigo como ela prestou assistência numa morte:

> Estou consternada sobre como as pessoas frequentemente morrem no hospital, hoje em dia, sem o conhecimento da sacralidade essencial dessa transição. Nós fizemos a coisa mais bonita na sexta-feira. Eu estava cuidando de uma mulher cambojana de 20 anos em persistente estado vegetativo devido a um acidente anos atrás. A família abençoadamente havia decidido retirar o suporte de ventilação e a alimentação parenteral. Perguntei ao pai se eles tinham fé em alguma tradição religiosa. "Budista", ele disse. Perguntei se ele queria que eu providenciasse algumas preces para sua filha e ele disse sim. Chamei a outra enfermeira (que tinha acabado de passar uma semana em retiro solitário, lendo o *Livro tibetano do viver e do morrer*, de Sogyal Rinpoche) e ela conduziu o mais belo serviço de orações, cantando e recitando o sutra do Coração e outras preces, sentando-se em silêncio enquanto a vida da moça se esvaía. Coloquei um *mala* ("rosário") ao redor de sua cabeça e colei imagens de budas ao redor de seu leito de hospital. O quarto estava preenchido com silêncio e paz.

Muitas tradições acreditam que o espírito do falecido ou a consciência permanece presente por um tempo – talvez ainda no corpo, talvez por perto. Cuidadores querem mostrar respeito por essa presença, enquanto ainda estiverem em uma relação prática com o corpo, cuidando do que precisa ser feito. E cada cultura tem seus próprios métodos sagrados de preparar um corpo para o funeral, enterro ou cremação. O que se segue são apenas algumas sugestões de como acompanhar este aspecto final do morrer.

Imediatamente após a morte, tente manter a atmosfera em volta do falecido simples e silenciosa. Se possível, não perturbe ou toque o corpo; se for absolutamente necessário que o corpo seja tocado ou movido, faça-o muito gentilmente. Cada um que estiver por perto pode rezar por paz e liberação para aquele que morreu. Se for apropriado, leia textos sagrados ou conduza qualquer prática ou ritual da tradição do falecido. Como o *rigor mortis* leva cerca de duas horas para se estabelecer, você terá tempo suficiente para banhar e vestir o corpo – não há nenhuma necessidade de correr, então não apresse nada.

Repetidas vezes testemunhei como é profundamente curativo para os membros da família ou amigos banhar e preparar o corpo que eles amaram, como um último ato de intimidade e respeito. Embora hoje em dia sejamos frequentemente temerosos desta tarefa e a deleguemos para o hospital ou a funerária, podemos realmente usar esta preciosa oportunidade para ajudar nossa comunidade a se juntar após a perda de um ente amado.

Por favor, esteja consciente de que pouco antes e no exato momento da morte a pessoa pode ter defecado, urinado, vomitado ou suado. Ao invés de usar água pura, você pode querer dar um banho de esponja no corpo com uma mistura de álcool (use apenas uma pequena quantidade para fechar os poros) e um suave chá aromático ou infusão vegetal (há muitos chás e ervas disponíveis).

Se o falecido ficar "repousando no estado" na casa de alguém, aqui vão algumas outras sugestões. Coloque um algodão no reto, para que os dejetos não vazem do corpo, assim como um preservativo no pênis ou um algodão na vagina. Se você quiser, limpe os dentes e a boca. Não remova dentaduras ou você pode não conseguir colocá-las de volta depois que o *rigor mortis* se estabelecer. Às vezes, espasmos musculares ocorrem nos membros ou nos músculos faciais após a morte; não fique preocupado se isto acontecer, pois movimentos reflexivos ocasionais são comuns.

Atentamente, vista e prepare o corpo antes que enrijeça. Escolha roupas leves e não cubra o corpo com roupa de cama. O corpo precisa ficar o mais fresco possível. Use ar condicionado, um ventilador, gelo seco ou uma janela aberta para ajudar a manter o ar fresco em torno do corpo.

Quase sempre os olhos permanecem abertos, durante e depois da morte. Se você desejar, pode gentilmente fechar as pálpebras e uni-las com fita adesiva. A boca também pode estar aberta. Você pode fechá-la com um lenço amarrado em volta da cabeça, segurando o queixo. Como a morte nos lembra o sono, ajeitar o rosto em uma expressão pacífica pode fazer a aparência do falecido parecer menos estranha para a família e amigos. Após um curto período de tempo, a fita adesiva e o lenço podem ser retirados.

O corpo irá gradualmente começar a esfriar, conforme o tempo passa; o último lugar no corpo de onde o calor irá sair é a área do coração. Se o calor ainda estiver emanando do coração, esteja particularmente atento ao que está acontecendo no ambiente do falecido. A tradição budista nos diz que este calor geralmente ocorre naqueles que têm alguma qualidade de realização no momento da morte.

Embora você possa estar preocupado que seja insalubre manter um corpo na casa, mesmo por um curto período, não há nada inerentemente perigoso em fazê-lo. Simplesmente trate um corpo morto do mesmo jeito que você faria com um vivo, seguindo as mesmas precauções de saúde, particularmente se a pessoa morreu de doença contagiosa.

Nos Estados Unidos, um médico precisa assinar o atestado de óbito. Geralmente é mais fácil ministrar os serviços ao corpo antes de contatar o médico sobre o atestado de óbito. Quando você contata o crematório ou o cemitério, os membros da equipe geralmente vêm coletar o corpo bem rápido. Se você deseja deixar que o corpo descanse imperturbável, deve esperar um pouco antes de contatar estas organizações. Assegure-se de remover joias, antes que o corpo vá para a funerária; elas podem ser colocadas novamente no corpo, se desejado.

Na maioria dos lugares, nos Estados Unidos, os membros da família ou grupos religiosos podem servir como dirigentes do funeral. Se for isso que você decidir fazer, pode precisar de uma permissão para mover o corpo você mesmo e precisará preencher o documento solicitado para o enterro ou a cremação.

Um corpo não embalsamado deve ser enterrado ou cremado dentro de alguns dias, para prevenir que as bactérias se multipliquem a níveis insalubres. Ao contrário do que muitos agentes funerários sugerem, embalsamar não é exigido, a não ser que o corpo esteja sendo embarcado para outro estado, apesar de muitos estados exigirem que o corpo seja refrigerado dentro de 24 a 48 horas após a morte. Esteja ciente de que embalsamar não esteriliza o corpo; na verdade, os produtos químicos usados no processo são tóxicos para os vivos e são regulamentados pelo governo como materiais perigosos. Se você planeja evitar um enterro convencional, investigue as leis na sua área de antemão e não dependa de casas funerárias ou da equipe do hospital para ajudá-lo a imaginar alternativas aos procedimentos-padrão.

O sepultamento em sua própria propriedade é permitido em vários lugares nos Estados Unidos. Se o sepultamento doméstico for escolhido, mantenha em mente que futuros proprietários da terra podem mover a sepultura ou podem não permitir visitantes.

A cremação tornou-se mais comum nos anos recentes e muitas pessoas que estão morrendo a preferem. Quando meu pai morreu, a Sociedade Nacional de Cremação veio buscar o corpo em nossa casa. A última coisa que vi dele foi bastante angustiante, pois presenciei a maca sendo empurrada pelo corredor para um elevador e então vi o corpo de meu pai ser virado de cabeça para baixo assim que a porta do elevador começou a se fechar. O inusitado continuou. Minha madrasta coletou as cinzas do crematório e recusou-se a entregá-las para o serviço memorial. Finalmente, nosso advogado ligou para lembrá-la de que qualquer coisa que tivesse pertencido a meu pai antes do casamento deles iria para suas filhas – incluindo o corpo. Ela cedeu e nós seguimos os desejos de meu pai, despejando as cinzas dele e de minha mãe no Golfo do México. Esta jornada acerca da morte de meu pai foi bastante humilhante para todos nós. Frequentemente este é o caso. O estranho e maravilhoso, triste e desgastante acontece em torno da morte. E assim seja.

Perguntaram-me muitas vezes: "E sobre a doação de órgãos?" Pessoalmente, valorizo ambas as opções – a doação como um presente compassivo para os vivos e a opção de não perturbar o corpo após a morte. Basicamente, é uma escolha profundamente pessoal para todos. Enquanto é geralmente guiada por valores socioculturais, também é importante não impor suas próprias crenças ou as de sua família aos desejos da pessoa que está morrendo. Se puder, pergunte à própria pessoa o que ela iria preferir, e então apoie sua escolha.

Jishu, uma sacerdotisa budista, decidiu anos atrás que, quando morresse, queria doar seus órgãos para o benefício de outros. Ela estava consciente de que na tradição budista não se perturba o corpo por muitos dias até seu enterro ou cremação. Mas, após ter refletido e perguntado a outros praticantes, sentiu que a mais compassiva coisa a fazer seria beneficiar as vidas dos outros. Ela não está sozinha – muitos budistas acreditam que há grande mérito em escolher doar os órgãos.

Aconteceu que, devido à sua doença prévia, Jishu só poderia doar as córneas. Já que as córneas podem ser colhidas tão tarde quanto várias horas após a morte, nós, que a amávamos, tivemos tempo bastante para estar com seu corpo e oferecer gratidão por tudo o que esta mulher havia dado, tanto para nós quanto para vários outros.

Jishu havia morrido repentinamente aos 57 anos, após vários ataques cardíacos. Sua morte deu a muitos de nós a oportunidade de expressar o inexprimível na forma como cuidamos de seu corpo. Quando o coração de Jishu finalmente desistiu, no hospital, seu suporte de vida foi desconectado; ela deslizou silenciosamente para a morte. Pedimos ajuda à equipe da unidade coronariana do hospital e eles nos deram água morna e pedaços de pano para banhar o rosto e o pescoço de Jishu. Então nós nos sentamos com ela e rezamos.

O funeral de Jishu estava agendado para acontecer uma semana após sua morte. Na tarde antes do funeral, a casa funerária nos permitiu levar seu corpo para a casa para onde ela e seu marido haviam-se mudado recentemente – o novo lar que ela havia aproveitado por apenas uma semana antes do ataque cardíaco.

Aquela noite, sua mãe, seu marido e suas muitas amigas se reuniram em torno da cama onde seu corpo repousava. Quisemos banhar e vestir Jishu antes do funeral e de seu "*samadhi* de fogo", ou cremação. No início, a mãe de Jishu estava bastante tímida e hesitante sobre fazer parte disso, mas finalmente decidiu que iria participar e pelo menos tentar estar com a filha desse jeito.

Começamos a banhar Jishu, enquanto uma amiga cantava perto. E então a mãe de Jishu atravessou a multidão de mulheres que cercavam o corpo de sua filha e começou a banhar-lhe rosto, carinhosamente. O resto de nós banhou o corpo de Jishu; a mãe penteou e ajeitou-lhe o cabelo. Nós a vestimos com suas vestes de sacerdotisa budista e envolvemos seu corpo num xale que a mãe havia feito. Para muitos de nós que participamos de seu funeral no dia seguinte, esse foi o momento mais forte e íntimo.

A prática de banhar e cuidar dos mortos é comum por todo o mundo, e muito frequentemente tem um profundo efeito na família e amigos que participam do ritual. Não precisamos nos preocupar sobre se seremos adequados para a tarefa; cuidar do receptáculo vazio é apenas outra faceta do cuidado e um jeito muito significativo de expressar o quão gratos somos por ter sido parte da vida – e da morte – dessa pessoa. Estar com o corpo de uma pessoa falecida nos oferece uma preciosa oportunidade de fazer um tecido completo da morte e do luto, trazendo o círculo da presença no morrer a completude e cura.

MEDITAÇÃO

A meditação do cemitério a céu aberto

Um ditado tradicional tibetano diz que se, ao acordar pela manhã, não meditarmos sobre a morte, a manhã inteira será desperdiçada. Se não meditarmos sobre a morte ao meio-dia, a tarde será desperdiçada. E, se não meditarmos sobre a morte ao entardecer, a noite será perdida em ocupações insignificantes e frívolas.

A simples prática budista que se segue nos oferece um jeito bem gráfico de meditar sobre a morte. Nela visualizamos a decomposição de nossos corpos após a morte através de nove estados de dissolução. A prática nos direciona a ver a natureza impermanente deste corpo e, por associação, de todos os fenômenos. Ela também nos lembra da vacuidade do eu.

Tradicionalmente a pessoa vai para um cemitério a céu aberto para fazer esta prática, observando corpos diretamente em vários estágios de decomposição. Em 1999, no lado oeste do monte Kailash, no Tibete, tive a oportunidade de praticar com os restos humanos de dois funerais a céu aberto. Meditando, enquanto andava no meio de poças de sangue, ossos e as superfícies raspadas de seus crânios, seus cabelos ensanguentados numa desordem emaranhada, eu me senti bastante atenta.

Um tibetano "especializado" no ritual de destrinchar as pessoas mortas, para que os abutres pudessem consumir os restos mais facilmente, se aproximou. Convidou-me a deitar entre estes restos humanos frescos. Deitar numa poça de sangue humano e gordura era uma experiência perturbadora e vívida. Ele então pegou uma faca da bainha de seu casaco e começou a fingir que estava cortando meu corpo em pedaços. Por um momento, eu me senti oprimida e com nojo. Então, subitamente, relaxei entendendo que também sou sangue e gordura. Comecei a deixar ir a onda de aversão que me inundava e fitei a montanha, lembrando que, mais cedo ou mais tarde, também estarei morta. Enquanto o velho homem brandia sua faca comprida e enferrujada sobre mim, visualizei-me como um cadáver.

É claro que você não precisa ir ao Tibete e se oferecer a um momento tão selvagem. A prática delineada abaixo é um extraordinário meio de liberarmos nossa história na verdade libertadora que conhecemos como impermanência.

Deixe seu corpo se aquietar, conforme você traz sua atenção para a respiração. Relembre sua aspiração de libertar todos os seres do sofrimento. Descanse na presença antes de começar, seguindo a respiração.

Agora imagine que você está observando seu corpo como um cadáver. Você está sentado próximo e observando esta forma que um dia foi você. Tudo está quieto. Você morreu neste dia.

Olhe atentamente. Perceba a face pálida e as bochechas afundadas. A pele é suave e oleosa. Observe o sombreado manchado na parte posterior dos braços e pernas. Sem pressão sanguínea o sangue está estagnando. Observe as unhas; elas estão pálidas e sem sangue. Nesta quietude, todo o corpo parece ter afundado nele mesmo. A pele está pálida, com uma tonalidade azul-acinzentada. As pálpebras parecem quase transparentes. Os olhos estão secos, opacos e ligeiramente abertos, fitando o nada. A boca está frouxa, com a mandíbula caída.

Agora imagine que várias horas se passaram. Este corpo que uma vez foi você parece ter-se tornado mais escuro. Sua coloração sombria se intensificou. Há agora um leve odor no corpo. Procure tocar este corpo. Sinta a carne fria e sem vida. Este corpo, que uma vez foi você, agora está frio, enrijecido, inerte.

Três dias se passam e você ainda está sentado em frente ao corpo. Agora ele está estufado e apodrecendo, inchado pelas bactérias e gases. O cheiro saindo deste corpo que uma vez foi você é forte e pútrido.

Vários dias mais se passam. Você ainda está sentado em frente a este corpo, olhando atentamente para ele. Você vê algo se mover. Vermes estão se alimentando deste corpo. Moscas pousam nele. Outros insetos estão pondo seus ovos neste corpo em putrefação. O odor que vem do corpo é forte. Abra-se à verdade da mudança neste corpo.

Dois dias mais se passam. Corvos chegam e começam a beliscar a carne em decomposição. Outros comedores de carniça duelam uns com os outros para consumir este corpo em putrefação. A carne é extirpada dos ossos. O tecido é arrancado da panturrilha e da coxa, dos braços e do peito. A barriga é rasgada. Mais e mais ossos são expostos.

Um mês se passou desde o momento da morte. Você ainda está sentado em frente a este corpo que uma vez foi você. Tudo o que sobrou é um esqueleto com alguma carne sobre ele. Olhe profundamente. Se isso é tudo no que se transformou, o que era a sua vida? Apenas este esqueleto, com alguns tendões aqui e ali. Sangue velho manchando os ossos. Observe este esqueleto.

Três meses depois este esqueleto só tem alguns tendões mantendo os ossos juntos. Olhe com equanimidade para o corpo, conforme ele desaparece. Apenas uns poucos tendões segurando este conjunto de ossos.

Mais tempo passa. Os tendões afrouxam-se, soltando-se dos ossos. Os ossos dos pés foram para um lado, os das mãos para outro. O fêmur, a pélvis e a coluna vertebral estão se separando. O corpo do qual você cuidou tão bem é apenas ossos expostos espalhados. Você gastou tanto tempo cuidando dele e tudo o que sobra são ossos desconectados.

Seis meses depois, ainda sentado ali. Agora tudo que você vê é uma pilha de velhos ossos esbranquiçados. Estes ossos estão começando a se fragmentar e a se tornar pó.

Um ano depois, ainda sentado ao lado do que foi o seu corpo, você vê uma pilha de velhos ossos, difíceis de distinguir uns dos outros. Alguns foram carregados por animais. Desgastados pelo sol, pelo vento e pela chuva, os ossos se esfarelam quando tocados.

Dois anos depois você está sentado onde este corpo esteve uma vez. Não sobrou nada além de pó. O vento vem e sopra espalhando o pó do que foi o seu corpo. Pergunte a si mesmo: quem é isto? Repouse na presença. Deixe-se ficar com esta abertura. Desperte nesta espacialidade. Deixe sua mente se aquietar nesta verdade: seu corpo está sempre mudando. Um dia ele será pó. Desperte para esta realidade.

Por favor, pergunte, quem morre?

19

RIO DE PERDAS
O mergulho da tristeza

No século XVIII, o mestre japonês de haicai, Issa, perdeu sua filha bebê. Lutando para enfrentar sua perda, completamente devastado, ele escreveu:

> Este mundo de orvalho
> É o mundo do orvalho.
> E no entanto, e no entanto...[19]

Podemos dizer que Issa não foi libertado da angústia; ele não pode compreender como a vida de sua filha bebê pôde ser tão fugaz quanto o pequeno e perfeito mundo numa gota de orvalho matinal. No entanto, mesmo neste poema, podemos ver sua mão bem fechada começando a se abrir.

Assim como a vida da filha de Issa, mesmo o luto é passageiro e eventualmente pode nos atravessar e nos deixa mais sábios e humildes. Antes desta transformação, entretanto, devemos fazer o lento trabalho de nadar através dele. Negar a dor e a saudade que sentimos é roubar de nós mesmos as pesadas pedras que eventualmente serão o lastro para as duas grandes acumulações de sabedoria e compaixão. Quando encaramos o difícil presente da perda, a experiência do luto pode ser como engolir um remé-

---

[19] ISSA, Kobayashi. In *The Essential Haiku*. Trad. e ed. por Robert Hass. Nova York: Ecco Press, 1994. p. 191.

dio amargo. Todo o nosso ser paralisa e então alguma coisa se estabelece profundamente nos nossos ossos e nos dá força.

O luto também toca aquele que está morrendo, que pode lamentar por antecipação a morte e a perda de toda uma vida. Cuidadores também ficam frequentemente entristecidos pela perda de liberdade e opções daqueles que estão doentes, e o conhecimento de que a morte irá roubar-lhes um precioso relacionamento. Então há o gosto do luto embutido em nossa cultura, que é condicionado por possuir e não deixar ir.

Às vezes pode parecer que o budismo falha em lidar com o luto, talvez olhando para ele como uma fraqueza de caráter ou uma falha da prática, mesmo que existam muitos ensinamentos budistas sobre o suave coração da compaixão que torna o profundo luto possível. Meu primeiro professor, o mestre zen Seung Sahn, contava uma história na qual há muito tempo, na antiga Coreia, um jovem monge subiu até a caverna na montanha de um mestre, esperando ouvir seus lendários ensinamentos sobre a impermanência. Mas, quando o monge chegou lá, ficou chocado ao ver o grande mestre soluçando sobre o corpo morto de um cervo.

O monge perguntou ao mestre o que tinha acontecido e o mestre contou como os caçadores haviam matado a mãe do cervo filhote. Ele havia tratado do animal, indo à cidade todos os dias para mendigar leite para que pudesse alimentá-lo. Como ninguém lhe desse leite para um simples animal, o mestre zen disse às pessoas que era para seu filho – embora eles achassem a ideia de um monge celibatário ter um filho mais repugnante ainda! Apesar de sua reprovação, algumas pessoas relutantemente lhe deram leite, mas, por fim a situação ficou muito escandalosa e ninguém o ajudava mais. O mestre vagou por toda parte, implorando, mas quando finalmente encontrou algum leite e voltou à caverna, o filhote de cervo havia morrido.

"Você não compreende", o mestre disse para o aluno. "Minha mente e a mente do cervo são a mesma coisa. Ele estava muito faminto. Eu quero leite, eu quero leite. Agora ele está morto. Sua mente é a minha mente. É por isso que estou chorando: eu quero leite."

Como em todas as boas histórias zen, naquele momento o monge captou: o mestre era um bodisatva, um ser iluminado que tinha tanta compaixão que escolheu ficar aqui nesta difícil existência com o resto de nós para oferecer sua ajuda. E é precisamente a experiência do luto que abre este tipo de compaixão em nossas vidas, servindo como um cadinho de maturação, conferindo à nossa prática profundidade e humildade – e uma nova sabedoria.

Aquele angustiante peso do luto pode ser o coração se ajustando ao novo e terrível peso daquele que está morrendo ou que já morreu, passando do mundo exterior para dentro de nosso ser. C. S. Lewis descreveu as sensações brotando desse ato de possessão. Essas sensações estão conectadas ao corpo, ele diz: o bocejo por mais ar, o incômodo no estomago, o repetido engolir de uma tristeza inaceitável, todas sensações associadas ao medo. Em seu livro *Um luto observado*, ele disse, "Ninguém nunca me disse que o luto era tão parecido com o medo".

Nesta experiência de imediatismo contundente, aprendemos que o medo e o sofrimento não podem ser transformados por outra pessoa nos dizendo como fazê-lo. Talvez aqueles perto de nós possam nos ajudar através de uma luz brilhante na escuridão do sofrimento, gritando palavras de encorajamento, enquanto aprendemos a nadar nas negras e agitadas águas da tristeza. Mas nós temos que atravessar essas águas até a outra margem.

Christine tinha câncer de útero. Ela ligou e pediu-me que me encontrasse com ela e seu marido. Nenhuma emergência real, ela disse, mas será que eu poderia ir? Sentada com os dois, vi que Christine havia aceitado sua morte iminente – era seu marido que carregava o sofrimento. Como uma mola tensa, com profundas linhas de preocupação e medo enrugando sua testa pálida, ele estava borbulhando sob a superfície com uma raiva abafada.

Sentei ali com os dois e ouvi enquanto Christine ajudava Dan a encontrar apoio. Suas palavras eram como pedras de salvação nas tempestuosas águas do luto antecipatório. E Christine era uma mulher de ferro, ao colocar essas pedras para Dan pisar nelas. Ela não podia e não iria caminhar sobre essas pedras por ele.

A tristeza de todas as nossas perdas humanas, grandes e pequenas, antecipatórias ou contemporâneas, alimenta um rio que corre subterrâneo em nossas vidas. Quando aquela água escura emerge à superfície, primeiro nos sentimos totalmente sozinhos. Podemos verdadeiramente acreditar: "Ninguém além de mim jamais sentiu este tipo de dor". E isto é metade da verdade, pois o luto se espalha através de uma paisagem tão vasta e variada que só podemos realmente descobri-lo por meio de nossa própria experiência íntima.

Quando minha mãe morreu, recebi um dos mais duros e preciosos ensinamentos de toda minha vida. Percebi que só teria esta única chance de lamentar sua morte. Senti que tinha uma escolha. Por um lado, poderia ser o que se chama de "bom budista", aceitar a impermanência e desapegar de minha mãe com grande dignidade. A outra alternativa era esquadrinhar meu coração com honesta tristeza.

Eu escolhi esquadrinhar. Após sua morte, fui para o deserto com as fotografias e cartas que ela escreveu para meu pai depois que eu nasci. Sentada debaixo de uma plataforma de pedra, afundei de volta nas sombras da tristeza. Quando sua mãe morre, também morre o útero que lhe deu nascimento. Senti que minhas costas estavam descobertas e expostas, mesmo que eu as pressionasse contra a pedra fria e sólida. Mais tarde caminhei pelo Himalaia com um amigo que também havia perdido a mãe recentemente. As chuvas de outono lavaram as montanhas e correram por nossos rostos molhados.

Quando meu amigo e eu chegamos a Katmandu, os lamas de lá ofereceram-se para realizar uma cerimônia tibetana para minha mãe. Eles me instruíram a não chorar, mas deixá-la ficar em paz. Desta vez eu me senti pronta para ouvir suas palavras e não precisei me forçar a parar de lamentar. Quando me permiti cair ao longo do processo até o fundo, descobri que minha mãe havia se tornado um ancestral. Quando finalmente a liberei, ela se tornou parte de mim. E minha tristeza se tornou parte do rio de luto que pulsa bem no fundo de nós, escondido da vista, mas moldando nossas vidas a cada vez.

Nossas batalhas geralmente começam quando não cuidamos o suficiente das dolorosas e fortes emoções que nos inundam logo após a perda de um ser amado. É muito fácil para a família e os amigos deixar suas emoções serem consumidas na urgente "ocupação com os negócios" logo após seus entes queridos terem morrido. No ocidente, o negócio infelizmente se tornou uma enorme parte da experiência do morrer. Os sobreviventes do falecido encaram uma situação material complexa na fase pós-morte, seja procurando uma casa funerária, notificando amigos e família, elaborando um serviço funeral e desemaranhando o seguro-saúde, taxas e testamento. E então há que se limpar, dividir e passar adiante a propriedade do falecido. No meio das aparentemente infindáveis tarefas de encerramento, é tentador para os sobreviventes usar o recurso da desculpa da ocupação para evitar a profundidade de sua própria perda: "Mais tarde eu lamento – agora simplesmente não tenho tempo".

Para começar, o luto é esmagador, quer você esteja antecipando a perda de sua própria vida ou vivendo a perda de outra pessoa. Nós atravessamos os reinos escuros dos cinco elementos, terra, água, fogo, ar e espaço, cada um parte da intensamente física experiência do luto. Conforme nos movemos através desses elementos e suas terríveis transformações, frequentemente nos sentindo tão abandonados quanto Cristo em suas horas finais, é normal se sentir pesado com culpa ou contraído de vergonha. Podemos nos encontrar ressentidos com os bem-intencionados amigos que nos oferecem garantias como "Isto também vai passar" – este tipo de conforto parece superficial e defensivo, dada a magnitude de nossa perda. Mas, ao mesmo tempo, ainda podemos nos importar com o que os outros pensam; nós nos preocupamos por estarmos testando a paciência de nossos amigos, ou que sejamos um constrangimento para eles, com o que parece ser uma piegas e repetitiva autopiedade.

Mas esteja consciente de que o luto, assim com a morte, é natural. Mesmo os animais lamentam. Em um zoológico na Índia, alguns anos atrás, duas elefantas foram criadas juntas. Quando uma delas morreu de parto a outra, de 72 anos, ficou inconsolável. Recusou comida e água, chorou e finalmente entrou em colapso e morreu. Como mamíferos, formamos complexos laços uns com os outros, e quando esses laços se partem, nossos próprios corpos ficam de luto.

Não se abater pela vergonha, mas assumir a tristeza é o único jeito de oferecer destemor ao luto – assim como Buda ajudou uma mulher que estava se afogando no luto com a morte da filha ao fazê-la ficar face a face com sua tristeza. Ubbiri vinha de uma família muito importante na Índia. Mesmo quando era uma menininha, era incrivelmente bonita, e, quando cresceu, casou-se com um rei. Quando Ubbiri deu à luz uma filha, ela alegremente lhe deu o nome de Jiva, que quer dizer "viva". Mas não muito depois de ter nascido, Jiva subitamente morreu.

Ubbiri estava devastada pelo luto, rasgada e ferida. Ela ia todos os dias ao local de cremação para lamentar a filha. Um dia, quando chegou lá, uma grande multidão havia-se reunido: Buda, que estava viajando pela região, havia parado para oferecer ensinamentos à população local. Ubbiri ouviu Buda por um momento, mas então se levantou para ir até a beira do rio, como de costume, onde chorava em desespero. Buda ouviu seu doloroso lamento. Procurou-a e perguntou por que ela estava chorando. Em agonia, ela gritou que sua filha estava morta. Ele então apon-

tou primeiro para um lugar, depois para outro onde os mortos
haviam se deitado, e disse para ela:

> Mãe, você grita "Oh, Jiva" no bosque.
> Volte a si, Ubbiri.
> Oitenta e quatro mil filhas,
> Todas com o nome "Jiva"
> Queimaram no fogo funeral.
> Por qual delas você está se lamentando?[20]

Note que Buda não está dizendo a Ubbiri para não lamentar. Ele está gentilmente rebocando seu luto individual para a possibilidade da compaixão universal. Buda está direcionando-a para o lugar onde a perda pessoal é transformada em uma pungente ternura para com todos que já sofreram – todas as 84 mil mães; todas as mães que já viveram, incluindo ela própria. E ela precisa da consciência de uma comunidade maior para se recuperar e curar completamente.

O luto é como a mãe sobre a qual eu ouvi falar que banhou seu bebê morto no leite de seu próprio peito. Ela nos ensina a ternura e a paciência com nossa própria dor e nos lembra amavelmente a não nos agarrar tão fortemente. A impermanência é inescapável, aprendemos; ninguém e nada escapam ao seu toque.

MEDITAÇÃO
Encontrando o luto

As práticas a seguir, baseadas nas moradas ilimitadas, são frases que nos guiam repetidamente para as profundas águas do luto.

---

20 MURCOTT, Susan. *As primeiras mulheres budistas*: poemas e histórias de des Berkeley, Califórnia: Parallax Press, 2006. p. 94.

A transformação pode vir quando somos tocados pela perda; familiarize-se com ela e experimente a purificação sendo completamente banhado em suas águas.

Quando praticar estas frases, deixe o corpo se aquietar; você pode sentar ou se deitar. Lembre por que você está praticando; cultive um coração terno. Então encontre a frase ou as frases apropriadas para você e pratique-as com a respiração, ou deixe sua atenção suavemente focada em cada frase, conforme você trabalha com elas.

- Que eu possa estar aberto à dor do luto.
- Que eu encontre os recursos internos para encarar meu pesar.
- Que eu aceite minha tristeza, sabendo que eu não sou minha tristeza.
- Que eu aceite minha raiva, meu medo, minha ansiedade e meu pesar.
- Que eu aceite meu luto, sabendo que isto não me torna mau ou errado.
- Que eu me perdoe por não atender as necessidades dos que amo.
- Que eu me perdoe por erros cometidos e coisas deixadas por fazer.
- Que eu me abra comigo mesmo e com os outros sobre minha experiência de sofrimento e perda.
- Que eu encontre paz e força para usar meus recursos para ajudar os outros.
- Que todos os enlutados sejam liberados de seu pesar.

Deixem-me respeitosamente lembrá-los:
A questão de vida e morte é de suprema importância.
O tempo passa rapidamente e a oportunidade é perdida.
Vamos despertar, despertar...
Prestem atenção,
Não desperdicem suas vidas.

(Cântico Zen da Noite)

EPÍLOGO
Sendo presente no morrer: apresentando-se para a grande questão

O famoso romance de Thornton Wilder, *A ponte de San Luis Rey*, imagina as vidas de cinco pessoas mortas na queda de uma ponte no Peru. No romance, um missionário observa a ponte que caía "atirar cinco formigas que gesticulavam no vale abaixo". Curioso, ele se põe a traçar as vidas das vítimas, num esforço para entender a aparentemente aleatória natureza da tragédia.

Na verdade, a história de Wilder é uma parábola do esforço para encontrar significado no acaso e em tragédias inexplicáveis – uma luta que os parentes das vítimas encaram após o desastre. Wilder explicou que ele mesmo estava procurando a resposta para uma pergunta: "Existe uma direção e significado na vida, além da própria vontade do indivíduo?".[21]

Sua história lembra que a morte não é só para os que morrem – é também para aqueles que sobrevivem a nós. De fato, morrer não é um ato individual. Uma pessoa que está morrendo é muitas vezes um ator num drama comunitário. Como nosso último desejo e nosso testamento, um legado que beneficia materialmente nossos sobreviventes, também deixamos um legado de como vivemos a experiência de nossa morte. E o grosso desse legado vem de como fazemos a transição através do último rito de passagem – como somos capazes de estar com nosso próprio morrer.

Frequentemente participamos de ritos de passagem sem estar conscientes do que estamos fazendo, ou sem ter a transição e

---

21 WILDER, Thornton. *A ponte de San Luis Rey*. Nova York: Harper Collins, 2004. p. 107.

suas mudanças na consciência reconhecidas pela nossa cultura. Longas horas insones, uma grande pressão e a presença do sofrimento, da morte e do misterioso desconhecido são ingredientes destes ritos.

Mesmo que não as chamemos de ritos de passagem, estas transições universais na vida de todos os seres incluem os elementos da separação, o limiar e o retorno. Quase sempre não estamos completamente aptos para estas experiências, o profundo refluxo da maré, porque elas podem ser dolorosas ou assustadoras. Elas incluem ficar doentes e recuperar nossa saúde, fazer amor pela primeira vez, dar à luz uma criança. E morrer é possivelmente o exemplo máximo deste tipo de transição. A morte nos exorta a aceitar e apreciar nossas vidas, a perdoar a nós mesmos e aos outros e a deixar ir, enquanto o pequeno ego é dissolvido numa corrente mais ampla do ser. Da perspectiva do budismo, esta é a grande oportunidade para o despertar e a liberação – como disse Emerson, a ostra ferida que cura a si mesma com uma pérola.

Mas que rituais temos em nossa cultura que legitimam passagens tão transformadoras? Praticamente nenhum. Nossa sociedade não vê a catástrofe como uma passagem. Ao contrário, experiências caóticas e assustadoras são geralmente controladas e suprimidas. Elas não são condições com as quais nossa sociedade se sente confortável.

Ainda assim, mesmo sem suporte, instintivamente procuramos a experiência de separação, o limiar ou estar no limite, e retornar. Claramente, a morte e o morrer em nossa cultura são um rito de passagem, quer nos demos conta ou não. Algumas pessoas experimentam um colapso mental que induz à maturidade. Outras, sofrendo, resolvem entrar numa forte prática espiritual. Alguns ficam fisicamente doentes e então se tornam curadores feridos, voltando-se para ajudar os outros depois de terem se curado. E, é claro, muitas pessoas em sua experiência de morrer "dissimulam" sua própria sabedoria natural. Meu pai tornou-se ainda mais sábio quando estava morrendo. Issan Dorsey tornou-se um verdadeiro homem do zen enquanto morria. Minha amiga Julie amadureceu e tornou-se professora quando estava morrendo. E Ann, a brilhante médica e cientista pesquisadora, percebeu o significado da fé, enquanto seu cérebro era tomado por um agressivo e mortal tumor.

É estranho dizer, mas a catástrofe é geralmente a circunstância que libera força, sabedoria e bondade de dentro do abraço sufocante do medo. No processo de morrer podemos estar mais vivos. Estar presente e prestar cuidado, em meio a um colapso da mente ou da vida pode semear a compaixão. É assim que amadurecemos e que a transparência e a intimidade são engendradas. Nossa própria vulnerabilidade física e psíquica, se permitirmos, mostra-nos o caminho e o presente. Ela também pode nutrir a gratidão e a humildade. A catástrofe é a essência do caminho espiritual, uma série de colapsos nos permitindo descobrir os fios que entrelaçam tudo na vida em um tecido completo.

Anos atrás, quando visitei a Biosfera 2, no Arizona, perguntei ao cientista que estava me conduzindo por que havia fios amarrados às árvores e presos à estrutura da Biosfera bem acima de nós. Ele explicou que, como não havia vento na Biosfera, as árvores não tinham nada a que resistir. Como resultado, tinham crescido fracas e precisavam ser seguradas. Como nosso corpo e ossos, precisamos de alguma coisa contra o que resistir para nos tornar mais fortes.

Como, então, perguntei-me ao longo dos anos, podemos verdadeiramente estar presentes no morrer, esta estrada invisível de iniciação que se abrirá para todos nós? Como podemos deixar que nos despedace e, ao fazê-lo, nos fortaleça? Para mim, viver com os três fundamentos do não saber, do testemunhar e da ação compassiva tem sido como possuir uma chave que abre muitas portas, portas que levaram ao mesmo lugar – o desconhecido, o inconcebível, o lugar de simplesmente encarar a verdade do que está acontecendo. Ao longo do tempo, os fundamentos penetraram como doce água no solo de minha vida diária, incluindo meu trabalho com pessoas que estão morrendo. Passei a ver os fundamentos como um barco que me leva através de águas inexploradas. Voltei minha mente e coração para eles, para me lembrar do que aspiro realizar em minhas interações com aqueles que estão morrendo.

Estes fundamentos ajudam-me lembrar com alguma humildade como posso me tornar mais íntima e transparente com o que quer que esteja se revelando no momento presente. Eles me ajudam a agir mais habilmente, quando dedico meu tempo aos que estão sofrendo. Eles me guiam para a inclusão e para as práticas contemplativas que são o coração e a medula da presença no morrer. A contemplação atenta aprofunda nossa capacidade de concentração, abertura e *insight*, de modo que nós gradualmente expandimos os horizontes de nossos corações até que eles sejam grandes o suficiente para incluir tudo, inclusive a realidade da morte e o fato de que, mesmo quando alguém morre "bem", pode não ser uma cena bonita.

Cuidar de uma pessoa que está morrendo e de sua família é uma prática extraordinária, que põe a pessoa no meio do desconhecido, do imprevisível, do colapso da vida; isto é com frequência algo que tentamos afastar. Doença física, fraqueza de mente e corpo, estar na mira dos estabelecimentos médicos e perder tudo o que se trabalhou para acumular e preservar pode ser a difícil maré que nos arrasta no processo de morrer. Um cuidador pode enfrentar tudo isso, mais os milagres e surpresas do espírito humano. E ele pode aprender e mesmo ser fortalecido a cada vez. Este é um verdadeiro caminho de descoberta, quando nos deixamos ir em sua direção, enquanto cuidamos. Sejam da família ou profissionais, cuidadores andam por um caminho que não deixa rastro, que os torna mais humildes e que é muitas vezes cheio de assombro. E, gostemos ou não, muitos de nós iremos nos encontrar nele. Acompanharemos entes queridos e outros, quando eles morrerem. Se formos afortunados, estaremos lá para nossa própria morte também. Uma pessoa que está morrendo pode encontrar a preciosa companhia da verdade, da fé e da entrega. Ela pode ser penetrada pela graça e pelo espaço como um rio fluindo para o oceano ou nuvens desaparecendo no céu, pois praticar o morrer é também praticar o viver, se pudermos percebê-lo. Quanto mais verdadeiramente pudermos ver isto, melhor poderemos servir àqueles que estão no processo ativo de morrer e oferecer-lhes nosso amor incondicional.

O romance de Thornton Wilder conclui:

> Mas em breve iremos morrer e toda memória daqueles cinco terá deixado a Terra. E nós mesmos seremos amados por um tempo e esquecidos. Mas o amor terá sido o suficiente.

Amor também foi a mensagem de Martin Toler, um homem que morreu alguns anos atrás, junto com muitos outros mineiros, no acidente da mina de carvão Sago, no Oeste da Virginia. Morrendo lentamente no ar denso do poço da mina, o oxigênio se exaurindo a cada respiração, Toler usou a preciosa pouca energia que lhe havia sobrado na vida para escrever um bilhete tranquilizando os que eram mais próximos a ele – assim como os milhões de nós que mais tarde ouvimos falar disso.

Do fundo da terra, Toler dirigiu-se ao mundo inteiro, começando seu bilhete: "Diga a todos que eu os vejo do outro lado". Ele promete a seus parentes encontrá-los na vida eterna – no lugar que é imortal. Ele expressa para todos nós o profundo desejo humano de que nossas conexões irão transcender mesmo a separação que sofremos no momento da morte. "Não foi ruim, apenas fui dormir", o bilhete continua, e rabiscado na parte de baixo, com a última de suas forças decrescentes, as palavras ternas e abnegadas: "Eu amo vocês".

Eu me sentei muitas vezes à beira do leito de pessoas que estavam morrendo com seus parentes bem próximos, esperando por aquelas últimas palavras de amor e esperança. Estar no limiar entre vida e morte confere uma aura de mistério e verdade às declarações finais de quem está morrendo. Nós que esperamos sentimos que de algum modo podemos penetrar o fino véu entre os mundos através das palavras daquele que está morrendo; os que estão tão perto da morte devem saber o que todos desejamos saber.

As últimas palavras de Toler honram o que há de mais nobre em nossas conexões humanas: que a vida e os relacionamentos são sagrados. Através da escuridão, ele alcançou não somente sua família, mas o restante de nós, incluindo-nos em sua comunidade através de suas duradouras e compassivas palavras. Pois, como Buda disse a seu primo Ananda, o que faz a sagrada vida ser completa são os bons amigos. Nossos relacionamentos – e nosso amor – são em última análise o que dá profundidade e sentido à nossa vida.

Que mensagem nós queremos deixar para trás quando morrermos? Quando a poetisa Elizabeth Barret Browning morreu, deixou uma palavra: "Belo". "Eu não estou com o menor medo de morrer!", exclamou o cientista Charles Darwin. E Thomas Edison, o gênio inventor, disse apenas: "Lá é muito bonito". Estas sábias pessoas no limiar da morte carregam uma mensagem para o resto de nós, de que a morte é nossa amiga e não deve ser temida. O que eles viram que nós gostaríamos de saber? O que é esse mistério em que todos iremos entrar?

Todas estas últimas palavras são ensinamentos profundos sobre como podemos confiar nosso espírito à experiência da morte – e como podemos viver nesse meio-tempo. Elas são um precioso testamento do coração humano que nos chama a transcender o sofrimento e encontrar a redenção no encontro destemido e mesmo belo com a morte. Assim, podemos entender diretamente a verdade da impermanência, a intensa fragilidade de todos que amamos e que, no final, realmente não podemos possuir nada.

Sim, podemos nos encontrar no "outro lado". Ainda assim podemos perguntar a nós mesmos: podemos encontrar uns aos outros agora? Sabendo que a morte é inevitável, o que é mais precioso para nós hoje? Não podemos conhecer a morte, exceto morrendo. Este é o mistério que repousa sob a pele da vida. Mas podemos sentir algo daqueles que estão perto dela. Martin Toler disse: "Eu amo vocês". Ele disse, com efeito, que tudo está certo. Na presença no morrer, chegamos à origem natural do que significa amar e ser amado.

Nesta fogueira ardente, testamos nossas práticas de não saber, testemunhar e ação compassiva, práticas que também podem nos manter erguidos em meio às mais intensas chamas. Por favor, não percamos a preciosa oportunidade de encarar esta grande questão – na verdade a única questão – a impressionante questão de vida e morte.

AGRADECIMENTOS

Tenho muitas pessoas a agradecer por tornar este livro possível. Por aqueles que me ensinaram através de seu luto, doença e morte, preciso expressar meu afetuoso respeito. Por aqueles que me deram refúgio e suporte, por todos esses anos sentando com pessoas que estavam morrendo e ensinando cuidadores, minha maior gratidão. Tony Back, Roshi Richard Baker, Irène Kyojo Baker, Sarah Barber, Mary Catherine Bateson, Gregory Bateson, Jonathon Berg, Richard Boestler, Dale Borglum, Ira Byock, Joseph Campbell, Annette Cantor, David Cantor, Venerable Chagdud Tulku Rinpoche, David Chambers, Sandy Chan, Gigi Coyle, Grant Couch, His Holiness the Dalai Lama, Ram Dass, Joe David, Lisl Dennis, Larry e Barbara Dossey, Ann Down, Scott Eberle, Katherine Foley, Jane Fonda, Verona, Dana e John Fonte, Steven Foster, Ghelek Rinpoche, Roshi Bernie Glassman, Natalie Goldberg, Joseph Goldstein, Sallie Goodman, Rose Gordon, Jonna Goulding, Fleur Green, Christie Greene, Stanislav Grof, Lama Gyaltrul Tulku Rinpoche, Bessie Bandy Halifax, John e Eunice Halifax, Larry Hall, Charles e Susan Halpern, Frances Harwood, Ted Heffernan, Michael Henry, Barry Hershey, Roshi Jishu Angyo Holmes, Allan e Marion Hunt-Badiner, Edwin e Adrienne Joseph, Jon Kabat-Zinn, John e Tussi Kluge, Elizabeth Kübler-Ross, Andrea Kydd, Rob Lehman, Stephen Levine, Meredith Little, Alan Lomax, Christine Longacre, Fleet Maul, Patrick McNamara, Margaret Mead, Dick Miller, Thich Nhat Hanh, Lukas Niederberger, Mayumi Oda, Roshi Enkyo O'Hara, Frank Ostaseski, Susan e George Otero, Manny Papper, Gary Pasternak, Mary Peale, Louise Pearson, Kathleen Priest, Annie Rafter, Laurance Rockfeller, Gisela Roessinger, Larry Rosenberg, Cynda Rushton, John Russel, Sharon Salzberg, Dame Cecily Saunders, Seung Sahn Dae Soen

Sa Nim, Diane Shainberg, Patricia Shelton, Larry Sherwitz, Huston Smith, Beverly Spring, Brother David Steindl-Rast, Gwynn Sullivan, Sensei Kazuaki Tanahashi, Elizabeth Targ, Tempa Dukte Lama, Chögyam Trungpa Rinpoche, a Sangha do Upaya Zen Center, Andy Weil, Jean Wilkins, Jack Zimmerman e Zuleikha.

Quero oferecer minha gratidão a Emily Sell, Emily Bower e Peter Turner, da Shambala, por seu grande apoio e paciência. E um agradecimento especial a Jennifer Lowe, que trabalhou na versão final do livro, trazendo-o para casa.

https://www.facebook.com/gryphusgeek/

twitter.com/gryphuseditora

www.bloggryphus.blogspot.com

www.gryphus.com.br

Este livro foi diagramado utilizando a fonte Minion Pro
e impresso pela Gráfica Edelbra em papel pólen soft 70 g/m²
e a capa em papel cartão supremo 250 g/m².